# 臺灣歷史與文化研究輯刊

初 編

第 13 冊

新能源時代：
近代臺灣電力發展（1895～1945）（下）

吳政憲 著

花木蘭文化出版社

國家圖書館出版品預行編目資料

新能源時代：近代臺灣電力發展（1895～1945）（下）／吳政憲
著 — 初版 — 新北市：花木蘭文化出版社，2013〔民102〕
目 6+184 面：19×26 公分
（台灣歷史與文化研究輯刊 初編：第13冊）
ISBN：978-986-322-266-8（精裝）
1. 電力　2. 臺灣
733.08　　　　　　　　　　　　　　　　　　　102002948

台灣歷史與文化研究輯刊
初　編　第十三冊　　　　　　　ISBN：978-986-322-266-8

新能源時代：
近代臺灣電力發展（1895～1945）（下）

作　　者　吳政憲
總 編 輯　杜潔祥
出　　版　花木蘭文化出版社
發 行 所　花木蘭文化出版社
發 行 人　高小娟
聯絡地址　235 新北市中和區中安街七二號十三樓
　　　　　電話：02-2923-1455／傳眞：02-2923-1452
網　　址　http://www.huamulan.tw 信箱 sut81518@gmail.com
印　　刷　普羅文化出版廣告事業
初　　版　2013 年 3 月
定　　價　初編　30 冊（精裝）新臺幣 60,000 元

# 新能源時代：
## 近代臺灣電力發展（1895～1945）（下）

吳政憲　著

目次

## 表 次

## 圖　次

# 第五章　臺電與日月潭外債

## 第一節　日月潭外債成立經過

　　根據 1919 年總督府頒布的「臺灣電力株式會社令」第六條規定，只有「帝國臣民」或依日本法令設立之法人才能成爲臺電股東，此點爲防止外資掌控臺電，當初日月潭計劃資金以國內公司債優先，也是爲了防堵外資。1931 年，美國資金以海外「公司債」形式挹注臺電，爲愈來愈與時代脫節的法令下了註腳。

　　整個 1920 年代後期供電吃緊，日月潭計劃及早復工已成共識，但具體方法則付之闕如，直到貴族院原則同意外債案後，臺電才開始著手準備工作，這是復工的第一階段。第二階段是外債簽約交涉過程及通過的「時間點」與日本「金解禁」貨幣政策關係密切，對日月潭外債的意涵，應有另一種詮釋。

　　日月潭計劃復工第一階段著重「再調查」，有鑑於當初日月潭計劃中挫的原因，就是對地質資訊掌握的不足，這次特別著重地質部份，因爲地質牽涉經費的精算，必須詳盡才能向中央與社會交代。其次，由於日月潭地質的特殊性，必須倚重大井川電力出身的新井榮吉，及東京帝大權威地質學者平林武等人的努力。從這可以看出，原本 1920 年代以總督府技術官僚爲主體的日月潭計劃，到 1930 年代已轉爲日本技術人材爲主，臺灣電力部門由「經驗輸出」轉爲「經驗輸入」的過程。

　　本章首先闡明臺灣與日本交流的過程，調查的經過，並提出解釋，其次探討日月潭外債與日本「金解禁」的聯動關係，最後，研究日月潭計劃工程發包之困難，臺、日廠商的利益衝突，及臺灣廠商如何自處。

## 壹、日月潭復工前的準備工作

根據臺電社長松木幹一郎向遞信部提出的日月潭計劃書中估計，臺灣每年以 9.2%市場成長率消化十萬 kw 電量，這是臺電對日月潭計劃的保證，內部稱為：「九二案」。〔註1〕

日月潭外債能夠通過，要歸功於下列原因：（1）當時大藏大臣井上準之助是松木的大學同學；（2）松木接掌臺電，是井上向濱口首相的推薦，並獲臺灣總督同意；（3）日本中央派松木接掌臺電，目標就是要讓日月潭計劃重新啟動；（4）當時議會以民政黨為主，是外債案得以過關的原因。遞信部長三宅福馬認為：「日月潭計劃在日本第五十六議會引起正反面討論，第一是人事問題，第二才是地質問題，第三是外債對臺電是否有利，第四是供應是否能銜接。」〔註2〕足見日月潭計劃是否能成功，首要關鍵在人事，日月潭計劃本身反屬次要問題。

### 圖 36　臺灣總督與日月潭計劃

說明：歷任總督都不敢放棄日月潭計劃，但也不能不處理日月潭計
　　　劃，除非日本中央支持，否則總督的施力點有限。
資料來源：《日》10927–1930–s5.9.15–4，〈臺日漫畫〉。

---

〔註1〕　多賀矢八，〈日月潭餘談〉，《臺灣遞信》紀年2600年紀念特輯號，（1940）昭和15年3月，頁93。

〔註2〕　《松木幹一郎》（東京：松木幹一郎傳記編纂會，1941年9月出版），頁241-242。

### （壹）日本第五十六次議會「附帶決議」

川村總督時代換上遠藤達出任臺電社長，並向貴族院提出日月潭外債案獲該院「原則同意」，就在「川村－遠藤」體制正要啓動之際，內閣更迭，新總督石塚上任，連帶也換上松木接掌臺電，日月潭計劃的後續就在「石塚－松木」體制上運作，並得到中央政府的實質支持。

依照議會決議，臺電必須「委請更權威與專家徵詢日月潭設計與施行方法。」臺電請永井專三博士負責，永井則認爲經費可以更節省外，其餘與從前計劃略同。資金方面，臺電徵詢銀行團與大藏省的結果，認爲在國內籌募二十年長期資金有困難，決定在美國市場募資。責任方面，議會要求要有人爲停工負責，臺電答稱當時主導的總務長官下村宏、副社長角源泉皆已去職，社長高木友枝也任滿退休，理事大越病逝任上，理事永田離職，沒有任何一位臺電高層可以負責。〔註3〕

1929 年 3 月，貴族院通過日月潭外債「附帶決議」三點：（1）政府在著手工程之前，關於設計與施工方法，要徵求專家的意見；（2）當前匯率對外債不利，對募債之方法與條件需深切注意，要朝對事業計算有利方向努力；（3）工程施工前，政府需進行適切有效的監督。同年 7 月，石塚總督依據這三點，向臺電下達以下命令：（1）工程設計要完整；（2）工程經費要節省；（3）電力消化要確實。臺電根據總督命令，進行日月潭計劃的「再調查」。

### （貳）日月潭計劃的「再調查」

臺電的「再調查」經費 250 萬圓，費時 8 個月，鎖定地質、工程設計、集水面積、財務收支四大方面。

（1）**地質方面**：委託東京帝大平林武博士研究，研究設計由宮口竹雄負責。

（2）**集水面積**：由新竹州土木課長久布白兼治技師率領 20～30 人組成的調查隊赴濁水溪上游，調查集水面積、流量、山林密度生態、雨量等，隊中還首次動用「攝影隊」沿途攝影，以動態影像做爲工程設計參考，尤其對原住民的生活動態，有了更直接的掌握。久布白技師曾參加 1919 年日月潭計劃最初的調查，保存了大量照片，這是久布白第二次參加調查工作，所有資料將由新井匯整。〔註4〕

---

〔註3〕　《日》10512-1929-s4.7.24-7，〈すべて『希望條件』通りに〉。
〔註4〕　《松木幹一郎》，頁 243。

（3）工程設計：參酌前二項調查結果，由建設部負責規劃。

（4）財務收支：主要針對日月潭計劃完工後，電力市場如何開拓，對收支有何影響，以便提早因應（由臺電業務系統負責）。

當年因停工而封存於門牌潭倉庫（日月潭電廠旁）的設備也要重新檢查，因為發電機是德國產品，故聘請二名德國工程師檢查，據德國工程師表示，「保管極見適當，無任何異狀，細密檢查，完全正常。」〔註5〕

### （參）調查經過

臺電司馬按建設所四面環山，當初是由大越大藏親選此處當作總部，實際負責人為國弘長重，但 1926 年停工後停用，1931 年重新調查，各隊測量工程人員又齊聚一堂，主要負責幹部請參考「表 43」。

### 表 43　日月潭計劃「再調查」工程人員

| 負　責　人 | 負　責　工　作　內　容 |
|---|---|
| 山田主任技師 | 水路中心點、坑口高低測量、武界上游浸水地區調查、濁水溪水量調查、日月潭地質調查等 |
| 品川村技師 | 各硬體建築物調查、索道鐵軌的聯絡設置調查 |
| 明（習元）技師 | 機械器具整理與安裝、保管、維護與電車全線監督 |
| 平田主任 | 由岡田、落合、大村、池各技師分各班，分別率領技術員到東埔、水社、門牌潭方面調查 |

說明：此為 1931 年名單。

資料來源：《日》11098–1931–s6.3.7–3，〈正に著手せんとする日月潭の真價（二）〉。

各工程隊每天搭臺車往返各據點測量，傍晚再回到司馬按開會，重訂明日的工作內容。當年大越到當地要先坐車，換臺車，再坐轎才能抵達的地方，現在還是大同小異，因為地處偏僻，工程隊負擔的生活開支，也比平地來得高。〔註6〕

從司馬按到水社坐臺車約要四十分鐘，該種臺車每台有五馬力，可牽引五噸貨物，在當地共有四十二臺，搭配牽引臺車的附掛臺車則有數百臺之多，日月潭工程所需物資與人員都靠這些臺車運送，每天平均走五趟，可運載 1,000 噸以上材料，但實際上到復工以前，每天僅有四至五臺在線上，主要是載送

---

〔註5〕　《日》10951-1930-s5.10.10-4，〈日月潭購入機械〉。

〔註6〕　《日》11098-1931-s6.3.7-3，〈正に著手せんとする日月潭の真價（二）〉。

工程人員。堤堰方面自 1919 年到 1931 年，調查次數與地底樣本抽樣數，至少都在數十次以上，掌握比以前充分的多。〔註7〕

## 表44　日月潭計劃復工經費表

| 項　目 | 已投資金 | 預估續投資金 | 計 |
|---|---|---|---|
| 發電廠 | 17837 | 24755 | 41593 |
| 輸電線路及變電所 | 7853 | 12342 | 20159 |
| 利息 | 2646 | 4811 | 7458 |
| 合計 | 28337 | 41909 | 70247 |

說明：數字為 1931 年數據。單位：千圓。

資料來源：《日》11226–1931–s6.7.14–5，〈日月潭水電工事設計概要（下）〉。

## 表45　日本每 1kw 平均建設價格

| 公　　司 | 價　　格 |
|---|---|
| 宇治川電氣 | 535 |
| 東京電燈 | 501 |
| 大同電力 | 490 |
| 臺灣電力 | 426 |
| 日本電力 | 396 |
| 東邦電力 | 368 |
| 日本全國平均 | 200 |

說明：單位：圓。

資料來源：同「表43」。

　　新井認為日月潭計劃原取水口（姐妹原）流速強度與沉砂較難控制，且經費較高，故取水口改下游的武界，這個選擇的好處是縮短 3.6 公里的水路，節省的經費可補貼武界壩，總共可省幾十萬圓。但變更取水口之舉卻讓水位從 2,485 尺降至 2,460 尺，儲水量從 66 億立方公尺減為 44 億立方公尺，實際發電量更減少 10%，顯示日月潭計劃的節省是奠基在效能降低的基礎上。〔註8〕

　　增谷技師善用武界壩右方的天然岩層，盡量利用大自然既有條件做最小的人工雕塑，武界壩旁的碎石可充為水泥原料，就地取材，循環利用。〔註9〕

---

〔註7〕　《日》11099-1931-s6.3.8-3，〈正に著手せんとする日月潭の眞價（三）〉。
〔註8〕　《日》11229-1931-s6.7.17-5，〈經濟的に變更された〉。
〔註9〕　《日》11230-1931-s6.7.18-2，〈日月潭工事の現場視察記〉。

　　由「表 44」分析，日月潭計劃經費中發電廠經費約 4,100 萬圓（佔 60%），變電所與輸電線路經費約 2,000 萬圓（佔 29%），再比較復工前後進度，發電廠部份爲 43%比 57%，輸電網爲 38%比 62%，約可看出日月潭計劃到停工以前，大部份資金已投在發電廠設備，約佔停工前總經費的 63%，後期則佔總經費的 59%。輸電網方面，約佔停工前總經費的 27%，後期則佔總經費的 29%，臺電的策略是「先建電廠，後設輸電」，這也是臺灣在 1934 年以前輸電網無法像日本一樣普及的原因。

　　從「表 45」觀察，日月潭計劃每 1kw 建設費爲 426 圓，在日本電力界排名第四，僅次於宇治川電氣 535 圓、東京電燈 501 圓、大同電力 490 圓；而不及東邦電力的 368 圓、日本電力的 396 圓，就建設成本而言屬於中庸。[註10] 但若加上整個日月潭計劃復工經費，每 1kw 約 600～670 萬圓，比日本開發成本要高「很多很多」，可說是全日本平均單價最高的建設成本。1930 年代的日本電力界，平均開發 1kw 水力發電成本約 200 圓，朝鮮虛江川因包商刻意壓低勞工薪資，每 1kw 經費更只要 160～200 圓。[註11]

## 圖 37　松木幹一郎抵臺

說明：松木幹一郎出掌臺電，被市場解讀爲日本政府有積極動向的開
　　　始，社會對日月潭計劃又燃起希望。
資料來源：《日》11230–1931–s6.7.18–3。

[註10]　《日》11226-1931-s6.7.14-5，〈日月潭水電工事設計概要（下）〉。
[註11]　小林英夫，《「大東亞共榮圈」の形成と崩壞》，頁 351～352。

　　經過九個月調查，臺電調查報告「得督府認可，經濱口首相裁定後，乃籌募外債。」〔註12〕基礎調查工作雖繼續進行，但大體已經告一段落。

### （肆）臺電人員的安置

　　1931 年底，日月潭工地的準備工作已經就緒，無論就員工、包商的食衣住行，甚至家眷的部份也考量在內。

　　為了解決工程人員子弟的就學問題，凡是在當地工作的臺電員工，統統將小孩學籍轉到魚池小學校，一來交通方便，二來安心工作。〔註13〕

　　1931 年 7 月以降，魚池、司馬按、埔里每天至少有二十位以上來自全臺各地的求職者進駐旅館待價而沽，魚池的飯館每天都湧進許多用餐者。〔註14〕彰銀也在司馬按開設分行，供各家業者開立薪資帳戶，臺銀還準備加發面額「一圓」的補助通貨以應工程流通資金所需，加上臺電支付包商的大額款項，銀行預估臺灣會傾向通膨方向發展。〔註15〕

　　1931 年 9 月初，魚池庄拜日月潭工程之賜，新開溫泉旅館一間，並斥資「一萬圓」裝潢。當地另有戲院一家、旅館三家，餐館十家、遊樂場十三家、咖啡廳十六家，而投資每家餐館要二至三萬圓，三年工期內要靠擁入的人潮回收，也是相當大膽的投資。地方人士則為此盛況感到振奮，沒想到停工近十年的日月潭計劃，能有「東山再起」的一天。

　　此外，因應服務業的增加，商家徵求當地女性擔任服務生的機會也增加了，間接創造許多就業機會。當地飯館早餐每頓 15 錢，中餐 20 錢，晚餐 25 錢，每天三餐加香煙、襪子等花費，每日工人實得僅 10～20 錢而已，這樣的收入，與朝鮮水力電廠的工人相比，差異性不大。〔註16〕

---

〔註12〕《日》11306-1931-s6.10.3-4，〈日月潭問題解決祝宴〉。
〔註13〕《日》11223-1931-s6.7.11-3，〈日月潭工事と現場員の子弟〉。
〔註14〕《日》11230-1931-s6.7.18-3，〈氣早い失業者の群れ日月潭工事目當に〉。
〔註15〕《日》11230-1931-s6.7.18-5，〈九月から始まる日月潭工事〉。
〔註16〕《日》11278-1931-s6.9.4-3，〈電力工事を目前に有頂天の魚池〉。

### 圖 38　美國摩根商會幫助日月潭計劃

說明：如果沒有美國摩根商會幫忙發行海外公司債，日
月潭計劃沒有資金復工。
資料來源：《日》10989–1930–s5.11.17–4。

據悉，當地雜貨店生意好時一天可有十八圓收入，原住民部落中土地都被商人買斷（或租用）來開店，少數旅館還備有遊覽船載客賞湖，十年的低靡「一掃而空」，政府寄望臺灣工業的轉換，民間則覬覦日月潭計劃復工的無限商機。〔註17〕

## 貳、日月潭外債交涉過程

川村總督的貢獻，除了讓日月潭外債案在貴族院通過外，第二個貢獻是讓臺電公司債擺脫「商法」舉債上限，改依「電氣事業法」擴增一倍的發行額。

### （壹）臺電公司債「倍增」

據臺電調查課小倉課長指出，復工資金最早是 1928 年川村總督決定，「一半政府出資，一半國內公司債。」當時臺灣未實施「電氣事業法」，公司債上限只能依商法一般規定，不能超過實繳資本額。當時臺電實繳資本額 2,820 萬圓，扣除已發行公司債 2,000 萬圓，額度僅剩 800 萬圓，這樣的額度，根本不可能重新啟動日月潭計劃，總督府變通案是以修法來配合。

---

〔註17〕 《日》11278-1931-s6.9.4-3,〈電力工事を目前に有頂天の魚池〉。

　　變通案由總督府財務局長富田松彥與主計課長石川重男將資料交給大藏省審查，1928 年 9 月，小倉陪同財務局官員到大藏省陳述意見，但大藏省以全部發行公債不可能，但可藉「電氣事業法」的實施，將公司債擴大到實繳資本額的二倍來解套，加上當時臺電副社長山中義信本身是金融專家，認爲配合長期低利外債是可行之策，全案也得到總督府認同而快速進行。

　　但實行「電氣事業法」後，舉債上限增爲 3,620 萬圓，距離 4,500 萬圓還有一段距離，臺電的方法是併購姐妹公司：臺灣電興，藉以增加實繳資本額，這就是臺灣電興被併購的眞正原因。

### （貳）四次外債成立的時間點

　　臺電共有四次成立外債的最佳時間點，根據臺電調查課小倉說法，這四次都錯過了。但第五次，竟讓臺電選中最佳時機，就簽約內容各項條件比較，臺電外債無疑是成功的。

### 圖 39　臺電外債在美國市場募資漫畫

說明：靠著日本政府保證，美國摩根商會的市場信用，美國宣布德國
　　　戰債展期下，外債成立，臺灣輿論一片肯定之聲。
資料來源：《日》11211–1931–s6.6.29–7。

　　（1）第一次機會：是貴族院剛通過外債案的那一年（1929 年 3 月），紐約股市因利率走高，外國債券價格跌落，連日本政府保證的東京市債都只有

85 美元，與臺電底限 89 美元差距太大，當時匯率為 44 美元。同年 7 月 1 日，臺電合併臺灣電興，同月濱口內閣成立，前內閣允諾的 300 萬在緊縮支出政策下取消，並於同年 8 月 3 日，令臺電工程暫停，臺電喪失第一次機會。

（2）第二次機會：1930 年日本「金解禁」後，國際債信上升，日幣升值，公債價格接近臺電預期，但未有行動。

（3）第三次機會：1930 年 1 月，總督命令臺電再調查，從此 9 個月無法籌募外債，臺電上下又投入再調查工作。此時，世界正進入「低利率」時代初期，市場遊資充斥，東京市債也上昇到 93 美元，各國外債紛紛在紐約募資，在臺電外債前，已有其它公債在紐約發行，一連串各國外債在美國順利募資，臺電卻埋首於調查中，無法顧及外債市場，錯失了第三次機會。

（4）第四次機會：1931 年初，當時日幣匯率為 88 美元，1931 年 3 月 16 日，匯率升值為 94.4 美元，4 月 1 日 96 美元，日幣升至為曾有的高價，但臺電並未有所動作。

（5）第五次機會：從 1931 年 5 月開始，當時西班牙發生政變，各國陸續發生暴動，東京市債 94 美元，加上秘魯、玻利維亞外債未正常繳息，使美國市場對外國公債產生不信任的刻板印象，股市大跌。就在股市震盪同時，美國總統宣布德國戰敗賠償金可延期償還，接著美國股市大漲，東京市債 96.8 美元，臺電外債也正式簽約成立，距離貴族院同意，「整整二年六個月矣。」小倉認為這段期間，政權更迭與政策變革，到這次才成功，有形無形的損失總是有的，所幸外債條件不錯，等待也是值得的。〔註 18〕

### （參）臺灣政局動盪

臺灣影響日月潭外債的進行的事件有三項，分別為霧社事件、國際不良觀感、總督更迭、高階官員異動、臺電與總督府關係調整，事件之間有按序的聯動關係。

霧社事件發生後，造成國際觀感惡化，日本電力在美國募款也變得不順利，一般推測臺電也會遇到相同瓶頸，幸有瞭解世界財經的銀行家指出，日月潭計劃外債因得到政府背書，與一般電力公司發行公司債不同，等待的只是時機而已。〔註 19〕

---

〔註 18〕 小倉源治郎，〈日月潭工事資金計劃と外債事情〉，《臺灣時報》，1931 年 8 月號，頁 51～56。

〔註 19〕 《日》11046-1931-s6.3.14-4，〈日月潭外債〉。

　　石塚總督原是臺電外債案的主導者，但霧社事件使上任未久的總督面臨極大壓力，當時心中已有辭意，但石塚仍將霧社事件處理告一段落後，向拓務省請辭。石塚請辭獲准後，連帶總務長官人見、警務局長石井、臺中州知事水越也一併提出請辭，總務長官以下也移送「懲戒委員會」。日本輿論認為臺灣發生此事，一定要有總督府行政官員負責（包含處分），臺灣輿論則認為方面處分不宜過度，日本當局也考量懲處過故的副作用，最後，把這個問題留給新任的太田政宏總督裁決。

　　太田政宏上任後，總務長官改由木下信接任，連帶臺灣各地縣市長也有一波調整。〔註20〕霧社事件雖然讓日本公債暫時降低，但到 1931 年 4 月，又恢復穩定，甚至比事件發生前更高。〔註21〕而且日本政府有共識，不因總督更迭影響日月潭外債的交涉。〔註22〕

### （肆）「大藏省」的角色

　　大藏省是外債交涉中心，但不是每次都成功，如 1923 年「關東大地震」借款利率太高被批評為是「國辱」。〔註23〕臺電外債也是透過大藏省駐美財務官與橫濱正金銀行紐約分行主管與美國銀行團交涉。〔註24〕

　　依照美國金融慣例，銀行團會對授信公司進行徵信，並派員到當地調查該企業的狀況做為參考，交涉期至少在半年以上，像同樣受政府擔保的東拓外債交涉就是如此。日月潭外債自 1930 年 11 月濱口內閣同意後，開始授權大藏省與美國銀行團交涉，但從 11 月到 1931 年 3 月，參考公債價格與匯率一直未讓大藏省滿意。〔註25〕

　　同年，若槻內閣上臺，因為首相濱口被暗殺，中外都在觀望新政府的財經政策走向，包含「金解禁」政策是否延續等，若槻首相表示為此問題，已經一個月睡不成寢。〔註26〕一時間公債下跌，甚至傳聞日月潭外債將取消，幾天後政策明朗，若槻表示將留任井上藏相與松田拓相，並延續「金解禁」政策，一切以安定為先，大藏省交涉繼續進行，井上地位也更加穩固。〔註27〕

---

〔註20〕　《日》11165-1931-s6.5.14-4，〈全島官界近將異動〉。
〔註21〕　《日》11140-1931-s6.4.19-3，〈紐育の邦價回復〉。
〔註22〕　《日》11050-1931-s6.1.18-7，〈日月潭工事は既定通り進行〉。
〔註23〕　《日》11143-1931-s6.4.22-2，〈日月潭工事の外債問題（四）〉。
〔註24〕　《日》11042-1931-s6.1.10-4，〈日月潭答辯方針〉。
〔註25〕　《日》11159-1931-s6.5.8-2，〈御難續きの電力外債〉。
〔註26〕　《南新》9057-1927-s2.4.22-1，〈田中內閣と財界政策〉。
〔註27〕　《日》11135-1931-s6.4.14-3，〈多少遲延するも豫定の如く成立せん〉。

　　由於大藏省是主體，滯留東京的松木社長，每天只能到大藏省瞭解最新進度。〔註 28〕外界則眾說百出，論點各述，或責備總督府監督不嚴，或怪臺電遷延觀望，總督府則呼籲民眾應該要信任臺電，並從旁監督之即可，別聽信或傳播不利的消息。〔註 29〕

## 參、臺電外債的成立

　　1931 年初，由於美國營造資金寬鬆的環境，參考指標的東京市公債價格上揚，因此市場預期臺電外債隨時會成立，比較臺電外債與其它日本公、私法人外債條件，無論就發行價格、償還年限、利率等來看，臺電外債的簽約條件大體是成功的。〔註 30〕

### 圖 40 《臺灣日日新報》頭版的外債內容

說明：報紙總比臺電對外宣布速度要快，但內容以臆測居多。
資料來源：《日》11143–1931–s6.4.22–2，〈一週間後に正式調印〉。

　　4 月 22 日當天《臺灣日日新報》頭版，將大藏省與美國銀行團就臺電外債簽約內容，提早曝光，而且信誓旦旦說，簽約時間就在「一週內」。井上藏相更一改往例，直接電令大藏省駐紐約財務官原口與美銀行團洽談，據聞隨時會簽約。〔註 31〕幾項指標性公債平均漲幅 4～8%，顯示是臺電千載難逢的

〔註 28〕　《日》11150-1931-s6.4.29-3，〈臺灣配當-日月潭外債〉。
〔註 29〕　《日》11085-1931-s6.2.22-3，〈日月潭問題會社チ信賴ヘ〉。
〔註 30〕　《南報》8249-1925-t14.2.3-3，〈株式市場に上場せんとす〉。
〔註 31〕　《日》11144-1931-s6.4.23-3，〈電力外債は下相談だけ成立〉。

好機會，且絕對是近幾年來難得的一刻。〔註32〕

　　可是好事多磨，正當臺灣內部已無問題、日本新內閣動向明朗，美國股市反而大跌，交涉停擺。臺電副社長山中特別澄清美國股市與債市是二件事，毋需悲觀，只需等待。〔註33〕當時影響美國股市的利空計有西班牙革命、澳洲銀行破產、德國經濟低靡等，讓銀行團交涉不得暫時觀望。〔註34〕

　　1931 年 5 月，美國展延德國戰債，美股止跌回升，幾項指標公債也都漲到歷史新高，6 月，總務長官木下前往東京，這個舉動透露出不平凡的訊息。〔註35〕6 月 24 日，井上藏相向紐約財務官發出最後「訓令」，授權日本代表準備簽約。〔註36〕

　　整個 6 月，臺電因為電報是透過東京才轉到臺灣，故各種傳言很多，如貸款額度從 2,200 到 2,500 萬美元皆有，發行價格從 93～95 美元皆有，償還期從 30～40 年皆有，而且公佈後的數字，與前一天報載的還不一樣，直到正式簽約臺電高層還是保持低調，山中副社長表示松木社長電報未到，無法回答記者問題。〔註37〕

### 表46　《臺灣日日新報》揭露臺電外債內容與實際簽約內容

| 《臺灣日日新報》披露簽約版 | | 正式簽約版 | |
|---|---|---|---|
| 總額 | 4,500 萬圓 | 總額 | 2,280 萬美元 |
| 利率 | 5.5% | 利率 | 5.5% |
| 發行價格 | 98 美元 | 發行價格 | 93.5 美元 |
| 還款年限 | 35 年 | 還款年限 | 40 年 |
| 承辦銀行 | （美）摩根等；（日）橫濱正金 | 賣出日期 | 1931 年 6 月 26 日 |
| | | 利迴 | 5.9% |

資料來源：《日》11143–1931–s6.4.22–2，〈一週間後に正式調印〉。

資料來源：《日》11209–1931–s6.6.27–1，〈臺灣電力の外債〉。

說明：臺電外債政府補助最高額度 4.9 千萬圓，臺電實際可拿到 4 千餘萬圓）

〔註32〕　《日》11150-1931-s6.4.29-4，〈臺灣電力外債順調〉；11131-1931-s6.4.10-3，〈紐約の邦債續騰〉。

〔註33〕　《日》11153-1931-s6.5.2-2，〈米國株式恐慌〉。

〔註34〕　《日》11208-1931-s6.6.26-3，〈電力外債の成立愈愈迫る〉。

〔註35〕　《日》11208-1931-s6.6.26-3，〈電力外債の成立愈愈迫る〉。

〔註36〕　《日》11208-1931-s6.6.26-3，〈電力外債の成立愈愈迫る〉。

〔註37〕　《日》11208-1931-s6.6.26-3，〈電力外債の成立愈愈迫る〉。

1931 年 6 月 27 日，《臺灣日日新報》頭版刊載簽約內容（消息來源是紐約拍發臺灣的緊急電報），比之前傳聞的條件還要差一些。〔註 38〕6 月 26 日，美國銀行僅二小時就將臺電公債賣完，臺電調查課長小倉表示，臺電外債能賣的這麼好，與美國承銷商與負責人信譽良好有關。〔註 39〕尤其美國政府宣布德國戰債展期後，摩根商會（Morgan & Co.）趁機操縱市場心理，說日本立國二千六百年來，這是第一次向外國借款，投資人要把握機會云云。〔註 40〕

## 肆、臺灣社會對外債簽約後的反應

臺灣社會從 1929～1931 年間，從總督府到各商工團體，一致支持日月潭外債的成立，簽約成立後，臺灣社會的反應，多屬正面。

一般認為，臺電外債發行價格雖比傳聞的 94～96 美元要低，但比民間私下預測的 92 元要高，被認為是一大成功。其次，還款期拉長到四十年，且前三年免償，又是一大勝利。預估扣掉手續費等之後，能夠送到臺灣的資金約有 3,000 萬圓，徹底解決臺灣經濟不景氣的現象，臺電山中副社長說：「感謝神明庇佑！」〔註 41〕松木社長也說：「以後希望諸君鞭策，以期有濟也。」〔註 42〕

當初臺電預設可能只能以 90 美元成交，沒想到成交價是 93.5 美元，預定年利 6.2%，結果卻是 5.9%，這些都是意外驚喜。〔註 43〕1927 年的東京市公債，1930 年的德國公債，都沒有臺電外債來的「成功」。〔註 44〕

最高興的應該是埔里街民，因為日月潭計劃所需物品，都靠埔里供應，這個山中小鎮因為世界級大工程的重新啟動，又喚起了民眾當年對盛況的回憶。〔註 45〕淺野水泥認為日月潭將為公司未來三年賺進 18 萬圓純益。〔註 46〕高雄州認為將來可能有 60%電量會用在高雄。臺中市實業協會希望「日月潭

---

〔註 38〕 臺電，《營業報告書》（24），（1931）昭和 6 年，頁 3。
〔註 39〕 《日》11210-1931-s6.6.28-1，〈一二時間で賣切はモルガン支配人の力〉。
〔註 40〕 《日》11211-1931-s6.6.29-7，〈外債成立の恩人ラモンド氏〉。
〔註 41〕 《日》11209-1931-s6.6.27-1，〈臺灣の經濟界は不景氣を打飛ばす〉。
〔註 42〕 《日》11212-1931-s6.6.30-4，〈電力社長告需要家〉。
〔註 43〕 《日》11209-1931-s6.6.27-2，〈日月潭工事費の外債成る〉。
〔註 44〕 《日》11209-1931-s6.6.27-3，〈外債の利迴は年五分九厘〉。
〔註 45〕 《日》11209-1931-s6.6.27-2，〈約三千三百萬圓が臺灣に落る金〉。
〔註 46〕 《日》11209-1931-s6.6.27-3，〈要する洋灰六十萬樽淺野セメントの喜び〉。

所需物質，由市內各商店廉價提供。」〔註 47〕日月潭附近村莊，「連日開慶祝會，人氣百倍，往返者絡繹不絕。」〔註 48〕臺北地方法院也收了史上最高的登錄稅（外債總金額的千分之三），共 13.4 萬圓，「爲開院以來最大收入」。〔註 49〕加上日月潭外債成立在一個世界經濟不景氣、通貨緊縮、物價下跌的時代，又可節省 320 萬圓，故稱爲「雙重的幸福」。〔註 50〕

### 圖 41　松木在「大和丸」中接受祝賀

說明：外債成立後，松木搭船返臺，於船中餐廳接受各方祝賀，留下
　　　這一張舉杯畫面。
資料來源：《日》11143–1931–s6.4.22–2。

日月潭外債成立後三個月內，英國禁止黃金輸出，美國市場的日本國債價格下滑，日圓兌美元也開始下跌，若以此時匯兌絕對無法有如此有利條件，故日月潭外債享有天時、地利、人和，是上天特別眷顧臺灣的「幸福」。〔註 51〕

## 小　結

臺電在 1929 年松木上任後，展現出迴異以往的經營風格，遵照議會決議

〔註 47〕　《日》11213-1931-s6.7.1-4，〈以日月潭爲背景〉。
〔註 48〕　《日》11222-1931-s6.7.10-4，〈白勢總長赴日月潭〉。
〔註 49〕　《日》11287-1931-s6.9.13-5，〈電力の外債登錄稅〉。
〔註 50〕　《日》11220-1931-s6.7.8-5，〈有利に出來日月潭工事會社は二重の儲〉。
〔註 51〕　《日》11299-1931-s6.9.26-5，〈日月潭の外債は〉。

及總督府命令，啓動日月潭「再調查」計劃，提交報告後獲大藏省同意並展開外債交涉，松木的積極態度是外債成功的第一步。

臺電外債全都仰賴大藏省與橫濱正金銀行，在與美國摩根商會交涉過程中，臺電居於「配角」的地位。從 1929～1931 年間，臺電共有四次機會可以簽約，但世界經濟的連動，甚至中、南美洲暴動、霧社事件、總督更迭，首相被暗殺，內閣改組等，加上美國銀行團數度駐足觀望的態度，還是讓外債有驚無險通過。松木的大學同學，藏相井上的強力支持，是外債得以成立的關鍵因素，整個從無到有的過程，充份顯示臺、日共同爭取的成果。

最後就臺電外債的內容而言，無論從時間點、償還年限、利率、成交價格來看，都比 1927 年東京市公債與 1930 年的德國公債都要優越。首先，美國宣布展延德國戰債的消息，是讓美國銀行團最後點頭簽約的重要原因，這部份是日本與臺電無法控制的變數，但臺電是第一個拜美國投資政策轉向後的受益者，揭開後來幾個月世界各國在美發行公債的序幕。就在臺電外債通過幾個月後，美國金融環境丕變，各國陸續退出金本位制。因此就「天時」、「人和」、「地利」來看，臺電外債的通過，亦靠幾分幸運之神的眷顧，外債帶來的，不只是景氣與資金，而是爲臺灣工業化重燃希望的曙光。

## 第二節　日月潭外債：日本貨幣政策的一環

第一次世界大戰後，世界貨幣基準雖然還是稱爲「金本位制」，但貨幣準備已從「黃金」兼用「美元」，此時的「金本位制」可視爲美元流通圈擴大的新經濟現象。戰前英國主導的傳統「金本位制」已引起銀本位國家與金本位國家貿易的匯兌問題，全球需要一種新的匯兌機制，加上戰爭期間各國濫發紙弊造成的惡性通膨，各國法幣購買力與跌幅不同，提高戰後匯率連結的難度。美元圈的擴大反映「世界貨幣」的新思潮，但這種經濟無國界理念尚無法超越當時以國家爲經濟疆域的藩籬，各國在 1930 年代爲新版「金本位制」付出慘重代價，各自回到國家範疇中發展。〔註 52〕反映在產業上，就是軍需工業興起與第二次世界大戰的來臨。

日月潭外債的成立，可從日圓融入國際「金本位制」的調整過程解讀另

---

〔註52〕 《外交時報》第 653 號（1932）昭和 7 年 2 月，生島廣治郎，〈世界經濟上より觀たる金本位の將來〉，頁 65。

一種意涵，日月潭外債是為了臺灣產業開發，還是一種貨幣政策的運用。

## 壹、從英國「金本位制」到美國「金本位制」

第一次世界大戰後美元成為許多國家貨幣發行的黃金準備，經濟學家稱此一可兼用黃金與美元的制度為「金匯兌本位制」。到了 1929 年，各國又紛紛放棄新制，日本則在各國準備退出新制時開始加入，又比別國晚退出，準備時間不夠，造成金融波動，此點誠如記者所言：「外國黃金輸出，次第解禁，獨我國殿後。」〔註53〕

第一次世界大戰前的「金本位制」是種「固定匯率制」，將英磅與美元用固定匯率聯結，但卻讓投機者有循環套利的漏洞。第一次世界大戰期間，各國陸續脫離金本位制，自顧不暇，1919 年美國先恢復金本位制，1920 年代後各國也陸續恢復，除英、美以黃金為貨幣準備外，其它國家則以黃金，部份美元、英磅為貨幣準備（請參考表 47），除了日本未及時加入外，各國皆在1920 年代前期重回金本位制。〔註54〕

1930 年代世界經濟動盪就在於各國貨幣準備依附在美元、英磅時，其匯率必受美、英經濟連動，因此當 1929 年美國經濟恐慌，輸入需求降低時，仰賴美國市場的國家收支惡化，只好用黃金支付。但世界黃金存量不足，且多保存於擁有美元、英磅等少數強國中，剩下的選項是逐漸脫離「金本位制」。基本上，「金本位制」以下列步驟進行：

（1）「金匯兌本位制」與傳統「金本位制」不同。

（2）美國可依黃金存（產）量決定貨幣供給量。

（3）美元匯率又決定各國匯率波動幅度。

（4）匯率波動直接影響各國國際收支。

（5）該國收支影響國內物價波動。

（6）物價決定生產成本、產品價格。

根據上述步驟，日本產業結構若不能生產具備國際競爭力產品，又需仰賴進口物資的話，除非放任日圓貶值，否則入超將不斷累積，直到脫離「金本位制」為止。

〔註53〕《日》朝刊 10467-1929-s4.6.9-4，〈金解禁及臺灣（上）〉。
〔註54〕《日》朝刊 10502-1929-s4.7.14-4，〈金出口解禁準備期（上）〉。

表 47　世界各國加入（退出）「金本位」時間表

| 時間<br>地區 | 1919 | 20 | 21 | 22 | 23 | 24 | 25 | 26 | 27 | 28 | 29 | 30 | 31 | 32 | 33 | 34 | 35 | 36 | 37 | 38 |
|---|---|---|---|---|---|---|---|---|---|---|---|---|---|---|---|---|---|---|---|---|
| 美國 | ◎ | ◎ | ◎ | ◎ | ◎ | ◎ | ◎ | ◎ | ◎ | ◎ | ◎ | ◎ | ◎ | ◎ | ◎ | | | | | |
| 英國 | | | | | | | ◎ | ◎ | ◎ | ◎ | ◎ | ◎ | ◎ | | | | | | | |
| 日本 | | | | | | | | | | | | ◎ | ◎ | | | | | | | |
| 德國 | | | | | | ◎ | ◎ | ◎ | ◎ | ◎ | ◎ | ◎ | ◎ | | | | | | | |
| 法國 | | | | | | | | | | ◎ | ◎ | ◎ | ◎ | ◎ | ◎ | ◎ | ◎ | ◎ | | |
| 澳洲 | | | | | | ◎ | | | | | | | | | | | | | | |
| 瑞典 | | | | | | ◎ | ◎ | ◎ | ◎ | ◎ | ◎ | ◎ | ◎ | | | | | | | |
| 匈牙利 | | | | | | | ◎ | | | | | | | | | | | | | |
| 荷蘭 | | | | | | | ◎ | | | | | | | | | | | | | |
| 瑞士 | | | | | | | ◎ | | | | | | | | | | | | | |
| 爪哇 | | | | | | | ◎ | | | | | | | | | | | | | |
| 智利 | | | | | | | | ◎ | | | | | | | | | | | | |
| 加拿大 | | | | | | | | ◎ | ◎ | ◎ | ◎ | ◎ | ◎ | | | | | | | |
| 比利時 | | | | | | | | ◎ | | | | | | | | | | | | |
| 印度 | | | | | | | | ◎ | | | | | | | | | | | | |
| 義大利 | | | | | | | | ◎ | | | | | | | | | | | | |

說明：「◎」爲該國連結「金本位制」存續時間。

## （壹）美　國

　　第一次世界大戰奠定強勢美元的基礎，配合美國廣大內需市場與工業生產力（包含黃金生產），貨幣供給不虞匱乏。1920 年代起，美元成爲世界強勢貨幣，甚至任何國家都可以用美元做爲貨幣發行的準備，戰後歐洲重建，美元更以各種貿易或借款的形式滲入，強化對歐洲經濟的支配力，世界上除少數國家外，皆以美元爲貨幣準備，以維持自身貨幣之穩定。日本學者原明治郎就指出美國好景氣都是低物價，日本則是高通膨與高物價。〔註 55〕美國的優勢在於最早恢復金本位制，配合雄厚的產業基礎，兩者又互爲表裡。〔註 56〕日本的短處在於日本是個「原料輸入，加工輸出」的經濟體，美國則是日本首

---

〔註55〕原明治郎，〈經濟的霸者アメリカ〉，《臺灣時報》（1930）昭和 5 年 2 月號，頁 57～60。
〔註56〕荒木正次郎，〈金の輸出解禁について〉，《臺灣時報》，（1929）昭和 4 年 1 月號，頁 3。

要市場與原料供給者，1920 年代起，美國對日本產品需求有遞減趨勢。〔註 57〕
美元對日圓的匯率變化，是往日圓貶值方向傾斜，且不利於日本外匯存底的
累積，只是日本政府多往匯率方向思考，而少做產業結構的根本調整，畢竟
匯率只是該國經濟的延伸，而不是基礎。

### （貳）英　國

第一次世界大戰期間，英國購買的軍需物資增加，造成黃金外流，不得
已於 1917 年 9 月禁止黃金輸出，戰後，英國經濟疲憊，大量戰債等待政府處
理。〔註 58〕1925 年，英國恢復「金本位制」，隔年就面臨物價下跌，礦界罷工
的局面。〔註 59〕日本有識者以英國為例，認為「英國無所準備卒然行之，焉
有不敗者乎。」〔註 60〕直到 1929 年為止，英國發現國內黃金不斷流向美國，
英國銀行只能不斷調高存款利率，並購買南非黃金補充庫存。〔註 61〕1931 年，
主張自由貿易的工黨在選舉中大敗，同年，英國宣布禁止黃金輸出，等於實
質退出「金本位制」。〔註 62〕

#### 圖 42　「金解禁」與日月潭計劃外債

說明：1930 年代初期，金解禁會讓日幣升值，外債利息降低，有助營
　　　造日月潭外債的資金環境。
資料來源：《日》10683–1930–s5.1.13–4，〈臺日漫畫〉。

---

〔註 57〕 原明治郎，〈經濟的霸者アメリカ〉，《臺灣時報》（1930）昭和 5 年 2 月號，
　　　　 頁 62～63。
〔註 58〕 《日》朝刊 10502-1929-s4.7.14-4，〈金出口解禁準備期（上）〉。
〔註 59〕 《日》9993-1928-s3.2.18-3，〈金解禁問題に就て〉。
〔註 60〕 《日》夕刊 10509-1929-s4.7.21-4，〈金出口解禁準備期（下）〉。
〔註 61〕 《日》10532-1929-s4.8.12-3，〈英米との金利高〉。
〔註 62〕 《日》11334-1931-s6.10.31-2，社論，〈英國政界の安定と今後〉。

## 貳、日本與「金本位制」接軌的經過

　　高橋龜吉認爲日本是科技後進國，加上資源貧乏，先天上就處於不利競爭的地位。〔註63〕日本在第一次世界大戰後，錯失三次「金解禁」最佳時機，世界主要強國皆在1924～1926年間加入「金本位制」，日本遲至1930年才施行「金解禁」，壓縮了國家財政與產業昇級的應變時間。

　　日本在明治維新前就有過進入國際體系後的金融波動經驗。〔註64〕因此維持充足貨幣準備的「重金思想」始終是日本財經界的主流，主流派認爲一旦與「金本位制」接軌，國際收支、物價指數、產業結構、股市、黃金存量、貨幣準備、貨幣政策、匯率政策，甚至股市都受波及，維持長期穩定的操作難度會提高，因此「一動不如一靜」。

### （壹）政友會與民政黨

　　日本朝野對「金解禁」正反兩面的看法，正好反映在兩位政黨的財經領袖上，主張國內優先的是高橋是清（政友會），主張與國際接軌的是井上準之助（民政黨），兩人對於「金解禁」的必要性、時機、實施方法，各不相同，特別是實施的時間上歧見最大。民政黨強調「金解禁」優點，政友會則擴大「金解禁」缺點；民政黨支持「解禁論」者較多，政友會則認爲時機尚早；民政黨認爲求財政安定必需「解禁」，政友會認爲要等到財經穩定再「解禁」。〔註65〕對於日本這樣貿易赤字國家，減少貨幣供給並不會使物價下跌，因爲物價易漲難跌，產業結構不配合調整的話，貨幣、匯率、公債政策，都不能眞正改善國際收支問題。

---

〔註63〕 《日》13236-1937-s12.1.30-3，〈經濟界の現狀と見透し〉；13237-1937-s12.1.31-3，〈この景氣〉。
〔註64〕 林明德，《日本近代史》（臺北：三民書局，民國85年4月初版），頁33。
〔註65〕 荒木正次郎，〈金の輸出解禁について（承前）〉，《臺灣時報》，1929年3月號，頁3～8。

## 圖 43　臺電外債漫畫

說明：臺電外債成立就像牛郎與織女的相會，美國是織女，臺電是牛
　　　郎。
資料來源：《日》11209–1931–s6.6.27–2。

### （貳）「金解禁」反對論點

1920 年代後期，日本採取溫和降息措施，讓銀行存款進入市場，未敢冒
然實施「金解禁」。反對「金解禁」的武藤山治認為，「金解禁」會讓國內物
價攀高，百害無一利，應緩實行。〔註66〕矢內原忠雄也以英國實施「金解禁」
經驗指出，英國讓強勢英磅復出的希望落空，「多年貿易國，貿易仍衰退。」
矢內原希望在實施前，先調整日本金融與產業結構，待穩固後再實施。〔註67〕
類似這樣的看法，其實是當時的主流，畢竟，維持眼前物價的穩定，比產業
結構調整要容易得多。

1910～1920 年代，日本財經政策由高橋是清主導，當美國恢復「金本位
制」時，日本銀行總裁木村清四郎曾向高橋建言「金解禁」時機已到，但未
被採納，高橋認為日本貨幣準備不足，解禁會造成入超加重。〔註68〕

〔註66〕《南新》9014-1927-s2.3.10-2，〈百害あつて一利なし〉。
〔註67〕《南新》9029-1927-s2.3.25-6，〈金輸解禁之危險〉。
〔註68〕西野喜與作，《歷代藏相傳》（東京：東洋經濟新報社出版部，1930 年 4 月），
　　　　頁 168～171、175。

　　濱口內閣的「金解禁」工作被政友會批評為只是大幅僅縮預算，並非根本改善產業體質，對每年都是入超的日本而言，「金解禁」後讓日圓升值，外國米將以低價傾銷，會造成本國米的滯銷。銀行在「金解禁」氛圍中，貸款授信將更為謹慎，會讓市場資金減少，利息走高，企業取得貸款難度升高，即使借到資金，在利率調高情況下，企業利息負擔也會跟著加重。就證券市場而言，市場資金減少，容易陷入通貨緊縮循環，銀行為吸金調高利率，減少流向股市資金，若黃金流出量過速，可能造成股市暴跌；股市暴跌，商品價格也會降低，產業界收益減少，房地產也跟著下跌，整個「金解禁」等於日本經濟的「大災難」。更嚴重的是，一般社會大眾無法瞭解並接觸完整的資訊，加上朝野的攻防，更讓資訊呈現多元，甚至矛盾的觀點。社會大眾對於即將來臨的「金解禁」，瀰漫著一股期待改革，卻又不知如何改革的不安氣氛。

## 圖 44　松木幹一郎與新井榮吉

說明：此為松木與新井一起攝於總督官邸前，從兩人裝扮來看，戴帽
　　　子是當時的社交禮儀之一，松木更是以注重穿著禮節出名。
資料來源：《日》11247–1931–s6.8.4–8。

　　反對論者側重「金解禁」後金融波動的因果分析，卻也沒有提出建設性的意見，只主張將「金解禁」時間延後，但延到什麼時候，以及日本外債龐大利息該如何解決，也未提出解決之道。〔註 69〕反對論者「國內優先」的呼籲，似乎是當時社會輿論的主流，增加民政黨施政的難度。

### （參）「金解禁」贊成論點

　　贊成「金解禁」的民政黨以井上準之助爲中心，井上與高橋出身背景相似，但財經政策各有偏重。井上在英國工作時，開始注意各國匯率聯結的問題，回國後，雖然爭議焦點在於解禁與否，但根本解決之道是產業結構調整的速度。〔註 70〕爲了爭取社會大眾對「金解禁」的支持，井上不僅到處演講，還拍攝「宣傳短片」，以趣味方式呼籲民眾配合政府的財經政策。〔註 71〕

　　井上認爲「金解禁」是「短空長多」，只需一至二年，日圓匯率的衝擊就會達到平衡，政友會以國內失業率居高不下，抨擊井上政策是擁護資本家的財經政策，井上的提案經常在議會中受阻，甚至被批評缺乏近代原素，竟將十九世紀的古典財政思想於於二十世紀。〔註 72〕

　　井上的「金解禁」政策雖然穩定日圓匯率，但卻讓輸出減少，井上希望改善企業體質來增加產品競爭力，卻被政友會譏爲「要肺病病人去跑馬拉松。」政友會除歸究世界不景氣之外，殊少論及日本經濟體質的盲點，後來甚至倒果爲因，反將「金解禁」政策當成不景氣的原因。「金解禁」造成的輸出減少，並非單純的日幣升值問題，主要是南半球國家稅率增加，中國及印度產品的低價競爭，世界工業產品生產過剩，日本產品定位模糊等等。有識者以爲，根本之道是進行產業結構的調整，生產具有國際競爭力，而且國內市場也買得起的商品。〔註 73〕

---

〔註 69〕荒木正次郎，〈金解禁の影響と國民の覺悟〉，《臺灣時報》（1930）昭和 5 年 1 月號，頁 79～85。

〔註 70〕西野喜與作，《歷代藏相傳》，頁 234。

〔註 71〕《日》10559-1929-s4.9.6-4，〈井上藏相爲使金解禁全國徹底〉。

〔註 72〕西野喜與作，《歷代藏相傳》，頁 231～232。

〔註 73〕黑谷了太郎，〈不景氣の眞因〉，《臺灣時報》，1932 年 4 月號，頁 8～12。

### 圖45　1930年代的日本政局

說明：1925～1931年的日本政局，深受國際因素影響，加上其困難的
　　　內政問題，政黨政治，舉步維艱。圖爲政府爲許多問題，苦無
　　　經費實施，只好一再擴張舉債額。
資料來源：《日》11141–1931–s6.4.20–8。

　　無論是民政黨或政友會，都過度集中於黃金輸出是否應該管制的問題，
忽略了日本產業缺乏全球競爭力，過份依賴美國市場，及軍事預算年年增
長，又要兩面兼顧的矛盾。加上民政黨內閣在議會席次並未過半（須再取得
70～80席），撇開國際因素不談，日本內部變數已使「金解禁」共識難以凝
聚。〔註74〕

## 參、「金解禁」的背景、準備與實施

　　根據日本政府的統計顯示，1919～1929年間，日本入超總值爲42億圓，
這些都靠外匯存底支付，維持信用及保障日幣購買力，是日本匯率政策的首
要任務。

### （壹）「金解禁」政策的背景

　　維持匯率穩定雖然是歷任藏相的重要目標，但做法各異，傳統的方式是
把日本國內資金調度部份到國外，以補充外匯存底，並預防內需市場因供給

---

〔註74〕《外交時報》第591號（1929）昭和4年7月，無頁數。

減少走向慢性通縮。〔註75〕日本解決之道是定期借款補充外匯及緊縮財政支出，但對一個年年巨額入超的國家而言，不論那一種方法，都無法根本性解決外匯存底定期告緊的窘況。

「金解禁」前夕，日本向美、英銀行團借款一億圓在外國準備調節供需，對內財政則屬行緊縮，提升國際債信。〔註76〕「『金解禁』使本邦海外信用向上，匯兌行情騰貴，在外正貨充實。」〔註77〕濱口首相也表示：「日本已做好準備。」〔註78〕有識者以爲日本國債高達60億圓，只有解禁才能配合經濟體質調整，根本解決日本數十年的問題。〔註79〕

### 圖46 民間團體針對日月潭問題舉辦演講

說明：日月潭問題成爲1920～1930年代臺灣產業問題的焦點，人人皆有一
　　　套自己的看法。輿論領袖可藉演講發揮影響力。
資料來源：《日》11143–1931–s6.4.22–2。

1930年1月，井上藏相以「省令」公布「金解禁」開始，認爲此舉是根本解決國民經濟之急務，解禁前政府以先行在財政緊縮、國債整理、消費節

---

〔註75〕〈金解禁當日の井上藏相の聲明書〉，《臺灣時報》（1930）昭和5年2月號，
　　　　頁5～6。
〔註76〕《日》10634-1929-s4.11.24-4，〈金解禁藏相聲明〉。
〔註77〕《日》10048-1930-s5.1.12-4，〈金解禁已開〉。
〔註78〕《臺灣時報》（1930）昭和5年1月號，〈金解禁省令公布に關する井上藏相
　　　　の聲明〉，頁34～38。
〔註79〕《日》朝刊10467-1929-s4.6.9-4，〈金解禁及臺灣（上）〉。

約預做準備，並自 1929 年度預算開始節流，1930 年度預算更進一步壓縮支出，結果讓十幾年來歲入歲出得以平衡。另外，一般會計不再增加公債，特別會計公債減半，並壓縮各級地方政府舉債空間，為「金解禁」營造有利環境。

## （貳）「金解禁」實施與檢視

「金解禁」實施前後，日本還採取下列金融措施，有些與其它國家相同，也些則為日本所獨有。

（1）調高利率：井上在「金解禁」前夕，囑令日本銀行調升利率。〔註80〕井上擔心的是外國利率比日本高，日本資金會在解禁後流往英、美國家套利，所幸此點在 1929 年 11 月後，英、美利率已經下降，故不必擔心。〔註81〕

（2）補充外匯：日本補充外匯存底的方式是將黃金或法幣送到美國市場，日本稱之為「金現送」。第一艘「金現送」船舶是 1930 年 1 月 9 日從上海出發的「大洋丸」，船上搭載三井銀行的 56 萬美元前往美國，被稱為第一艘航向紐約的「黃金船」。〔註82〕此後定期的「金現送」成為維持日幣國際信用的具體措施。直到 1937 年，美國也注意到各國將黃金運往美國的的副作用，開始進行管制前為止，日本共完成二次、1.1 億圓的「金現送」。

（3）兌換管制：「金解禁」後，理論上法幣與黃金兌現原則是「無論何處，得以出之；無論何人，得以受之。」日本政府預料會有大量法幣兌換黃金的擠兌，早命令各銀行提早因應，平面媒體盡量不去擴大負面消息，所幸也未發生擠兌情事。〔註83〕

「金解禁」首當其衝的大藏省，一方面不可危及貨幣準備率，一方面授意大財團買進美元，以降低民間投機風潮。井上藏相說：「我國金本位制，不因投機而動搖。」〔註84〕但不危及貨幣準備率是不可能的，從 1931 年 9 月到 11 月，日本銀行的貨幣準備金，從 8.2 億圓降低到 6.8 億圓，大藏省頻頻呼籲投機者以國家整體立場考量，不要炒作匯率。〔註85〕

（4）股市：根據經濟學者牧野輝智表示，「金解禁」加速政府緊縮政策，

〔註80〕　《日》10623-1929-s4.11.13-4，〈金解禁後日銀將起利〉。
〔註81〕　《臺灣時報》（1930）昭和 5 年 2 月號，〈金解禁當日の井上藏相の聲明書〉，頁 3～5。
〔註82〕　《日》10682-1930-s5.1.12-4，〈金解禁最初〉。
〔註83〕　《日》10048-1930-s5.1.12-4，〈金解禁已開〉。
〔註84〕　《日》11332-1931-s6.10.29-4，〈井上藏相談〉。
〔註85〕　《日》11341-1931-s6.11.7-2，〈正貨流出をめぐる諸問題〉。

貸款利率必加提高。田中內閣時代風聞「金解禁」造成股價下跌，濱口內閣真正實施「金解禁」後，造成股價「二次下跌」，根本問題不在於日本銀行存有多少黃金與美元，而在於「日本產業根基強化，及改善國際借貸，能是則黃金流出，必能自免。」只要產業合理化，獎勵「國貨國造」、「愛用國貨」，故重點不宜放在利率調升，讓廠商借不到錢。〔註86〕

（5）**調降貨幣準備率**：傳統的日本「金塊之兌換均用於對外決算。」〔註87〕1920 年代，國際已進入貨幣準備可兼用美元的時代，有識者認為調降貨幣準備率可緩和「金解禁」壓力。日本金本位制為「全額準備制」，意即有多少黃金就發行多少通貨額，以維持市場信用並避免通膨，貨幣準備率約 80～90%之間，「本邦準備如此高率，為世界所無。」英國在 1928 年改採「比例準備制」，準備率約 35%。美國、德國、比利時、意大利約 40%，法國約 35%。調降貨幣準備，讓市場與外匯獲得更多補充，以強化產業升級的能量，是日本參考世界趨勢後的新措施。〔註89〕

（6）**龐大外債**：日本外債總數比日本持有法幣還要多，日本雖然沒有戰敗賠款，卻是國際少數的「債務國」。

當時日本正貨約 11 億圓，但外債卻有 20 億圓以上，每年利息都在 1 億圓以上，但傳統貨幣準備率很高，「存放過多，等於死藏。」經濟學者更譏笑日本銀行死抱黃金是「守財奴」的心態。因此日本「金解禁」政策，重點不在黃金是否流出日本市場，或利率高低如何，而是應該採取更彈性的貨幣操作，改善日本產業根本問題與減輕日本龐大的外債。〔註89〕

（7）**增加黃金進口量**：日圓在亞洲是強勢貨幣，日本又是亞洲黃金的物流中心，透過自然交易、購買、走私等方法，每年從中國市場獲得黃金約 1 億圓，約可補充日本流往美國的部份。根據統計，1930 年代每年平均流入日本黃金約 8,600 萬圓。〔註90〕「金解禁」實施當年，臺灣流出黃金 2.8 億圓，比「解禁」前 260 萬圓要多 100 倍。中國則因銀價暴跌，商人多購入黃金，以金塊購買商品，黃金輸入臺北後多半又流往大阪商人手中，最後是流往日

〔註86〕　《日》10687-1930-s5.1.17-4，〈金解禁後貨幣政策（一）〉。
〔註87〕　《日》10696-1930-s5.1.26-4，〈金解禁後貨幣政策（二）〉。
〔註89〕　《日》10696-1930-s5.1.26-4，〈金解禁後貨幣政策（二）〉。
〔註89〕　《日》10700-1930-s5.1.30-4，〈金解禁後貨幣政策（三）〉。
〔註90〕　《日》11159-1931-s6.5.8-3，〈東洋に於ける金移動の中心〉。

本造幣局，成爲日本銀行所有。〔註91〕

「金解禁」後，日本銀行所購入黃金「大部份來自朝鮮與滿洲，所輸入中華金塊也。」〔註92〕中國雖禁止黃金流出，但走私仍源源不絕流入日本。

### （參）日本政府對日月潭外債資金的運用

井上有鑑於日本購買美元風氣太盛，日本通貨將會愈來愈少，故希望日月潭資金能以外債方式籌措。其次，當時日本市場公司債利率約 6.5～7%，在國內市場舉債，會付較高的利息，對臺電財務不利，且因外債金額龐大，對國內市場資金將產生吸納作用，不利國內資金流通。〔註93〕

很少研究者注意，美國銀行團撥款給臺電的 2,280 萬美元，分別存於日本興業銀行、信託會社、各銀行之間，並未直接匯入臺灣。〔註94〕

事實上，日月潭外債共 4573 萬圓，但流入臺灣只有 3300 萬圓。〔註95〕由於外債通過時間點正好在井上藏相主持「金解禁」後期，故外債龐大金額對已經左支右絀的民政黨，增加了短期資金調度空間。因爲，日月潭外債不會理所當然「馬上」全數匯到日本，更不會馬上匯入臺灣，資金移動的「時間差」，足以供政府靈活調度，日月潭外債以短期資金的方式，以「金現送」做爲補充外匯存底的財務操作。

不僅如此，日月潭外債還可以兼做補充日本在美國外匯存底之用，臺灣款項則由東京、臺灣方面支付，不必把美金換成日圓再送到臺灣，對大藏省而言，日月潭外債有一舉兩得的實質效果。〔註96〕

1931 年 7 月 8 日，日月潭外債資金匯進興銀、三井、三菱、三十四各銀行，臺銀東京分行也存入 560 萬圓。〔註97〕總數 4,100 萬圓只有 15%資金能由臺銀掌控，而且臺銀定存利息爲 4.7%，比日本銀行平均的 4.2%要高（而且臺灣利息免稅），但在大藏省干涉下，多數借款都存放日本各銀行，每年需要 1,000～1,500 萬圓的日月潭計劃，只拿到數百萬圓，不啻是臺灣金融界一大損失。論者就資金的合理運用而言，批評此現象「不合常理」，更突顯日本漠視臺灣

〔註91〕　《日》11094-1931-s6.3.3-3，〈解禁後の本島出入金〉。
〔註92〕　《日》11106-1931-s6.3.15-4，〈金塊輸入極盛兩個月間千五百萬圓〉。
〔註93〕　《松木幹一郎》（東京：松木幹一郎傳記編纂會，1941 年 9 月出版），頁 245。
〔註94〕　《松木幹一郎》，頁 191～192。
〔註95〕　《日》11598-1932-s7.7.23-5，〈十萬キロの大動力を孕む〉。
〔註96〕　《日》11209-1931-s6.6.27-4，〈美此番引受外債今後一切巨額外債〉。
〔註97〕　《日》11222-1931-s6.7.10-5，〈内地では臺銀の外各大銀行に預入〉。

的心態，一位臺灣銀行主管就說：「所謂『三千萬圓』資金將一掃臺灣不景氣云云，終究是口惠不實。」〔註98〕商工銀行的古賀也表示：「不要讓日月潭外債資金流出臺灣以外，對臺灣金融才有實際意義。」〔註99〕

根據臺灣總督表示，松木向他報告日月潭資金有 1,600 萬圓存在安田、共同、千代田、關西等信託公司，另有 1,500 千萬圓存於三井、三菱銀行，臺銀只有 560 萬圓。由於「資金運用業已與大藏省接洽，故余亦承認。」〔註100〕一直到民政黨垮台前，這筆資金都歸日本政府運用、調度，而沒有進入臺灣。日月潭復工是在 1932 年正式開始，資金也才逐年匯進臺灣。

1931 年 7 月，日本銀行內活期存款降到 1.8 億圓新低，幸有日月潭外債款數千萬圓供運用，又供日本銀行以「金現送」方式輸出美國充實外匯存底，供匯兌平衡與保持日圓信用（同月 27 日橫濱正金銀行又送出 1,500 萬圓到美國，由大阪商船的「東海丸」運送）。日月潭外債資金，又以不同管道流到美國市場，日月潭外債做為一種短期資金調度，數千萬圓的資金扮演了貨幣操作「工具性」的角色。〔註101〕

1931 年的世界強國如英、法、德、美等都加強金融管制，通貨緊縮，利率走低，臺灣反因日月潭外債資金湧入，也營造低利率的環境。〔註102〕根據統計，1931 年 7 月臺灣存款共 4,700 萬圓，但到 8 月增為 5,600 萬圓，創下 1919 年以來新高。增加的 900 萬圓中，有 560 萬圓是存在臺銀的日月潭外債資金，再扣除日銀存在臺灣的 280 萬圓，實際臺灣存款只有 56 萬圓。要之，「各銀行各擁巨額資金，無處可投資。」〔註103〕無論從日本或臺灣資金移動狀況觀之，日月潭外債資金有一段短暫「時間差」，是被彈性調度運用的。

## 小　結

1930 年代初期，井上的「金解禁」政策可視為日本產業為與國際化接軌的積極努力，但因日本特殊的產業結構與種種原因，未竟全功。同年底政友會「金再解禁」後，一直到 1937 年，井上的「金現送」、「儉約運動」、「匯兌

〔註98〕　《日》11224-1931-s6.7.12-5，〈電力外債手取金の預金先は大部分内地〉。
〔註99〕　《日》11272-1931-s6.8.29-5，〈日月潭工事を本島一時の空景氣を避け〉。
〔註100〕　《日》11233-1931-s6.7.21-2，〈太田總督と重要會談請負問題については〉。
〔註101〕　《日》11237-1931-s6.7.25-5，〈資金の海外流出傾向〉。
〔註102〕　《日》11262-1931-s6.8.19-2，〈内外經濟界と金利の大勢〉。
〔註103〕　《日》11263-1931-s6.8.20-8，〈日月潭工資預入組合銀行儲金激增〉。

管制」等措施皆延續實行，足見井上帶領的大方向是正確的，只是軍部牽引產業轉向軍備，失去產業調整的機會。

對於日本這樣一個依賴美國市場及輸入的國家，在「金解禁」後，如何強化黃金儲備成爲財政首要課題。但因國內產業結構無法承擔匯率波動，左支右絀的結果只能依賴公債或短效性手段延後財政問題的發生。基本上，「金解禁」與否與日本產業結構性問題，互爲表裡。日本「金解禁」只達成有利進口與提高國際債信，充實外匯存底三大目標，但國內物價並未如預期降低，且因鼓勵儉約，反造成內需市場再度萎縮。可見「金解禁」政策猶如刀之兩刃，難以兼顧，更無法預測局勢的演變。

日月潭外債在井上「金解禁」後期換約成立，由於借款不會「即刻」全數匯到日本，也不會「即刻」匯入臺灣，資金移動的「時間差」，足供民政黨內閣靈活調度，日月潭外債就是被以短期資金的方式，以「金現送」做爲補充外匯存底的財務操作。

# 第三節　日月潭工程的發包作業

日月潭外債高達 4,000 萬圓預算，早被各方「覬覦」，尤其在不景氣的年代，100 萬圓的工程就能挽救一家搖搖欲墜的公司；外債雖靠大藏省與美國銀行團交涉，但工程發包則由臺電負責。本節將探討臺電如何在各方勢力角逐下，爲日月潭工程品質把關，不致重蹈當年浪擲經費的覆轍。

日月潭計劃扣除臺電直營工程外，外包金額約 2,000 萬圓。〔註104〕由於金額龐大，吸引許多日本廠商「跨海遠征」，臺灣廠商面對的競爭是前所未有的艱辛，多年封閉的官商共生關係，這次面臨資金、技術更加強勢的日本廠商，臺灣廠商慣用的操作模式被破壞，幾乎無法與日本廠商一較長短，只能以地域主義爲訴求。由於牽涉利益驚人，各方利益運作的結果，使得單純的工程問題變成複雜的政治問題。

## 壹、日月潭工程的發包

### （壹）發包的規則訂定

松木到臺電前已累積不少社會與知識的經驗，但這次面對的是海內外矚

---

〔註104〕《日》11213-1931-s6.7.1-3，〈日月潭水電の直營と請負と〉。

目的龐大利益，過去的經驗，似乎難以招架。發包之前，濱口首相在官邸召見松木，囑其注意發包問題，因為向來日本的大工程發包往往伴隨弊案或「醜聞」，濱口要松木以「公正嚴明」態度，慎重處理發包問題。〔註105〕

臺電內部討論後認為日本「鐵道省」發包作業最為嚴謹，對競標商資格審查與信用調查最詳細，輔以競標商近五年營運數據，依序選定競標順序，讓每家競標商都能接受競標結果。〔註106〕於是臺電參酌「鐵道省」發包規則與精神，訂定日月潭工程發包原則如下：

（1）由指定廠商競標，無論那一家得標，都能維持一定的施工品質。

（2）基於工程特殊性，分為若干工區，每區指定數家廠商參與競標。

（3）指定廠商的方法，須經總督府認可。〔註107〕

就第（1）點而言，好處是先以「資格標」選出能參與競標廠商，避免危及品質的低價搶標，壞處是廠商高低不能單以技術、資本、信用來衡量，主觀的標準，可能讓好的廠商在預選階段即被淘汰。就第（2）點而言，主觀色彩更重了，所謂工程「特殊性」是由臺電訂定的，跟廠商定的特殊性差異可能很大，但臺電此點是未雨綢繆，讓利益可以由若干工區雨露均霑，避免贏者通吃的局面。其次，工程分為七大工區，讓臺灣廠商贏在工區數目，卻輸在承包金額，臺灣廠商則贏了面子，日本廠商贏了裡子，因此就（2）點而言，臺電分若干工區競標並不是基於工程的需要，而是資源分配的需要。就第（3）點而言，符合臺電設立的法源依據，無可挑剔，發包規則雖早已訂定，但實行難度很高。

### （貳）臺灣廠商的訴求：「在地優先」

早在日月潭外債成立前一年，臺灣廠商就要求承包全部工程，他們到處辦演講或利用新聞報刊，動員臺灣土木協會與各商工會向總督府與臺電接連不斷陳情、關說、施壓並不斷拉高層次，配合上、下游廠商供料的共生關係，形成一個以在地勢力緊密結合的利益團體，冠冕堂皇地以「在地優先」要求臺電給予工程承包機會，並謂若松木不從，便要「葬送松木社長！」〔註108〕

〔註105〕　《松木幹一郎》（東京：松木幹一郎傳記編纂會，1941年9月出版），頁193。
〔註106〕　《松木幹一郎》，頁249。
〔註107〕　《松木幹一郎》，頁193。
〔註108〕　《松木幹一郎》，頁193。

## 圖 47　臺灣廠商與日本廠商

說明：臺灣廠商與日本廠商都爭相想拿下松木身上的行李（工程經
　　　費），彼此相爭，造成臺電不少困擾。
資料來源：《日》11003–1930–s5.12.1–4。

　　「在地優先」的根據是臺灣廠商多年來陪同總督府開發臺灣的「犧牲奉
獻」，故現在要求承包工程是理所當然，儘管臺灣廠商施工技術遜日本廠商，
但重要的是地域的利益，而不是技術層次。〔註109〕松木則表示：「臺灣廠商久
住臺灣，此舉自是當然。」至於招標開始之時，將傾聽業者的意見。〔註110〕
　　臺灣廠商向總督府表示，希望日月潭工程能讓臺灣廠商承攬，讓利益不
致流出於臺灣。特別是受 1930 年代經濟不景氣影響，臺灣廠商承攬工程減少，
希望總督府能以考量臺灣廠商多年來協同總督府治理臺灣的「貢獻」，多予考
量。〔註111〕糾集臺灣主要廠商的「臺灣土木協會」（以下簡稱土木協會）也不
斷向總督府陳情，並希望取得總督的明確承諾。〔註112〕
　　土木協會的策略是「激烈鼓動土木建築業及全島商工會，釀成全島輿論。」
臺北實業會也認為「必欲以臺灣承包商承攬，若臺電不從，便有『第二方法』。」

〔註109〕《松木幹一郎》，頁 250。
〔註110〕《日》10984-1930-s5.11.12-2，〈外債問題はそれまでに成立〉。
〔註111〕《日》10966-1930-s5.10.25-3，〈完成したいと結束陳情〉。
〔註112〕《日》10996-1930-s5.11.24-2，〈土木協會の願意に贊同〉。

土木協會再次重申：「本會非排斥日本同業者，實乃臺灣廠商生死問題，故須以堅決態度，互相自重。」〔註113〕

　　1931年1月，東京、大阪著名承包商代表進駐臺北各大旅館，土木協會竟派員跟蹤。〔註114〕下榻飯店的日本廠商「鹿島組」則表示：「日本因財政緊縮，很多工程都停頓或夭折，臺灣有此大工程，自然不可忽略。」〔註115〕

### 圖48　日本廠商「鹿島組」代表抵臺

說明：日本廠商以豐富經驗、技術，成爲競標最大贏家。圖爲日本廠
　　　商「鹿島組」兩名代表抵臺。
資料來源：《日》11226–1931–s6.7.14–4。

　　土木協會又舉出高木友枝時代，發包處處以臺灣本位爲考量，不似松木每將臺灣廠商視之度外。〔註116〕臺電則表示，大部份工程都會由臺灣廠商承包，只有特殊或專業技術需要，才會向日本廠商求援。〔註117〕雖然臺電保持低姿態，但土木協會認爲得到的答案泰半是模糊不清的「目前尚未可知」、「予以愼重考慮」等等。〔註118〕臺電與土木協會的交集有限，而且外界傳聞不斷，日本廠商動作頻頻，更令土木協會擔心。

〔註113〕　《日》10998-1930-s5.11.26-4，〈日月潭工事請負問題〉。
〔註114〕　《日》11063-1931-s6.1.31-3，〈日月潭工事を的に内地有力請負者〉。
〔註115〕　《日》11225-1931-s6.7.13-2，〈電力工事入札を控へ鹿島組御大ら〉。
〔註116〕　《日》11067-1931-s6.2.4-3，〈大いに氣勢を揚げた臺北實業會〉。
〔註117〕　《日》11070-1931-s6.2.7-3，〈臺灣本位で善處せよ〉。
〔註118〕　《日》11070-1931-s6.2.7-3，〈臺灣本位で善處せよ〉。

　　土木協會拉高訴求，認爲得標與否已經不是「在地優先」的問題，而是悠關臺灣廠商的「死活」問題，一定要防止日本廠商競爭，藤江會長要求大家要「猛然蹶起」，若日本廠商得標，將以拒絕提供人力資源（如苦力、熟工等）杯葛，除此之外，土木協會又另組「汎臺灣土木建築承包業者聯盟」，壯大其聲勢。〔註119〕土木協會每週定期在臺北「榮座」辦演講，報告進度，輪番上陣，以繫人氣，刮風下雨，座無虛席，激動之處，齊聲叫好，場外某位臺灣廠商負責人表示：「多年以來，日本廠商無所建樹，甚至有不給工資的不良記錄。」〔註120〕

　　土木協會眼看所有訴求皆無法獲得總督或臺電的明確承諾，手段日趨激烈，不僅要臺電反省，還要監視、糾彈臺電社長松木這種漠視在地業者權益的行爲，甚至說臺灣全體就是「臺灣黨」，「臺灣總督就是臺灣黨的一員，若不支持則將予徹查。」土木協會將每二至三家廠商編爲一組，分頭向總督、長官、臺電各方陳情。〔註121〕另外擔心被日本廠商個別擊破，決定以「聯合」承包形式增加競標籌碼。〔註122〕動作愈是頻繁，愈反映土木協會成員們內心的焦慮與不確定感。

## 圖 49　臺灣土木協會於松木自宅前合影

說明：臺灣土木協會凝聚臺灣廠商力量，頻頻拜訪松木，迫其承諾。但松木
　　　皆充分傾聽，而不給予明確承諾。圖爲該會於會後於松木自宅前合影。
資料來源：《日》11143–1931–s6.4.22–2。

---

〔註119〕《日》11070-1931-s6.2.7-3，〈吾等の死活問題と臺灣土木建築聯盟〉。
〔註120〕《日》11071-1931-s6.2.8-4，〈希望以臺灣本位善處〉。
〔註121〕《日》11212-1931-s6.6.30-7，〈土木協會の幹部手分けで陳情運動〉。
〔註122〕《日》夕刊 11223-1931-s6.7.11-1，〈日月潭工事請負と地方業者の不安〉。

　　《臺灣日日新報》刊登的一則漫畫中，土木協會被繪成是人力車業者，顧客則是松木，身上揹滿行李（喻爲日月潭發包工程），兩名人力車業者笑臉迎人邀請松木上車，並做勢要將「行李」卸下，低頭不語的松木，則陷入長考。〔註123〕此圖頗能反映出松木的困難，也許要發包給誰，根本也不是松木能自行決定的。

### （參）輿論對發包問題的看法

　　輿論對此問題也是分爲兩派，一派主張臺灣在地優先，另一派主張自由競爭。三井物產臺北分店店長小寺新一就支持第二派看法，認爲不景氣時代，發包應以價格的成本原則做選擇，而非以地域區分。〔註124〕大阪「大林組」營業部長安井豐也持相同看法，他認爲日本廠商介入其它地區承包工程是常態，如朝鮮水力發電工程即是，很少像臺灣這樣引起騷動的。〔註125〕

　　木村泰治則希望多用臺灣承包商，可以降低成本。〔註126〕因爲「楚材楚用，名能稱實，利益均霑也。」〔註127〕另一家臺灣廠商也表示工程發包必用臺灣廠商才有意義，才符合「全臺一致協同之精神。」〔註128〕

　　不能夠親自向總督、總務長官、松木社長陳情的利益團體，就利用電報闡明立場，這類電報在招標前後多到不勝枚舉，多半是以該利益團體幹部聯名發出。〔註129〕雖然這麼多團體都向總督、臺電發過類似電報，但從結果來看，這些動作都是一種單方面的宣示意義而已。

## 貳、臺電的處理經過

　　松木帶著外債成立的豐碩成果返臺，被媒體封爲「凱旋將軍」，但迎接他的是難度極高無比的工程發包問題。

〔註123〕　《日》11003-1930-s5.12.1-4，〈臺日漫畫〉。
〔註124〕　《日》11212-1931-s6.6.30-3，〈間に合ふ物は島内から〉。
〔註125〕　《日》11258-1931-s6.8.15-7，〈内地請負業大林組が一番乘〉。
〔註126〕　《日》11210-1931-s6.6.28-1，〈外債成立について在京の關係者語る〉。
〔註127〕　《日》11210-1931-s6.6.28-8，〈時評〉。
〔註128〕　《日》11234-1931-s6.7.22-8，〈時評〉。
〔註129〕　《日》11234-1931-s6.7.22-3，〈電力工事問題と臺中實業協會〉。

### 圖 50　松木處於發包的兩難

說明：無論臺電怎麼切「魚」（工程）的比例，都無法讓各方滿意，
　　　只能盡力而爲。
資料來源：《日》11254–1931–s6.8.11–4，〈臺日漫畫〉。

　　剛回到臺灣的松木表示：日本廠商有日本廠商的立場，臺灣廠商有臺灣
本位的考量，這個問題要與公司內幹部研究後再決定，另外關於聘請臺人工
人一事，當然以臺人立場考慮。〔註130〕

　　緊接著，松木馬上向總督、民政長官報告工程發包原則，晤談頻率很高，
每次動輒二至三小時以上。〔註131〕據松木夫人表示：「外子爲處理外債，每天
都很緊湊，時而接電話，時而讀電報，我雖然擔心，卻也不知道他在做些什
麼。」〔註132〕

　　松木與土木協會代表的第一次會面中，松木僅表示接受並會愼重考慮，
但根據協會某幹部指出，雙方會談約一小時，氣氛雖然不差，但溝通卻「不
得要領」。〔註133〕接見完土木協會後，又接見臺北實業會幹部，所談內容與土

〔註130〕　《日》11232-1931-s6.7.20-2，〈工事請負問題は重役會で決定する〉。
〔註131〕　《日》11233-1931-s6.7.21-1，〈けふ松木電力社長總督と重要會見を遂ぐ〉。
〔註132〕　《日》11235-1931-s6.7.23-2，〈喜びに包まれて松木夫人の苦心談〉。
〔註133〕　《日》11234-1931-s6.7.22-8，〈臺灣土木協會幹部向電力會社長陳情〉。

木協會大同小異，但松木還是表示一切都會按發包規則辦理。〔註134〕

這次會面帶給拜訪者感覺似乎不錯，「種種懇談，一一應答，雖不得要領，卻不覺得有不快者。」〔註135〕松木雖然未把氣氛弄僵，但堅守臺電的底限，爲臺電後續處理爭取了有利的協商位置。

### （壹）臺電與總督府的密切接觸

隨時向總督府報告發包狀況，是臺電應盡的責任，松木與木下的會面內容，向來不對外界透露。〔註136〕木下聽取松木報告，掌握了最近狀況，但在回答記者問題時表示：「余雖對工程諒解，但工程之事，因屬臺電之事，雖受注意但需與松木社長懇談。」〔註137〕

### 圖51　松木與木下長官合影

說明：初審發表前，松木頻與木下長官溝通，並取得諒解。最後，由總督府公布初審結果。左爲木下長官，右爲松木社長。

資料來源：《日》11250–1931–s6.8.7–2。

---

〔註134〕　《日》11234-1931-s6.7.22-8，〈時評〉；11234-1931-s6.7.22-1，〈よく話して吳れたが不得要領だつた〉。
〔註135〕　《日》11235-1931-s6.7.23-4，〈兩會會後社長談〉。
〔註136〕　《日》11241-1931-s6.7.29-8，〈松木社長訪長官懇潭日月潭工事〉；11241-1931-s6.7.29-5，〈茲四、五日で決定する日月潭請負問題〉。
〔註137〕　《日》11247-1931-s6.8.4-8，〈松木社長十分諒解〉。

　　總督府推給臺電，於是土木協會又去拜訪臺電，松木除靜心傾聽外，並對土木協會立場表示「充份諒解」，但並未有什麼具體的承諾。且根據藤江所言，松木態度十分良好，沒有不耐煩的感覺，松木還告訴藤江說不管來幾次，他都會「傾耳善聽，決不厭煩。」〔註138〕這次會面後，松木很快向民政長官木下信報告最新狀況，木下希望松木把意見訴諸文字，他好轉稟總督裁決。〔註139〕

　　臺電向總督府表示，必須將發包工程「切割」，比例要調整到技術、資源分配的平衡點，才不致於讓各方有所批評，此時的松木每天都處於嚴重睡眠不足狀態，忙到不可開交，每天不是拜訪總督、長官、遞信部，就是接見陳情代表，送往迎來，席不暇暖。〔註140〕

### （貳）「資格標」公布結果

　　根據發包原則第一條，臺電為確保工程品質，先權選出有資格參與競標的廠商，因此「資格標」可說是真正競標前的「初審」。對此，土木協會內分為鷹派與鴿派兩派，鷹派以為：「若發包不達當初希望，至有欲退出競標者。」〔註141〕松木認為發包問題不能由他自己「獨斷」，因為「幹部亦有幹部意見，俟聞技術方面然後行之。」〔註142〕

　　為了初審資格問題，松木與臺電幹部在宅邸內「終日密議」。〔註143〕隔天，松木將資料呈送總督，陪同的還有新井榮吉，由於內容高度保密，但土木協會已有心理準備，外界猜測的只是比例多寡而已。〔註144〕會後，松木表示臺電資料絕對客觀公正，似乎對發表可能引來的副作用預留伏筆。〔註145〕記者嗅出開標可能傾向日本廠商的結果寫道：「日月潭為世界馳名工程，不可能只靠臺灣廠商承包，故日本廠商約四至五家入侵，早無庸疑也。」〔註146〕總督府內部對初審結果也有很多看法，「各局長似乎有相當意見，會議至中

---

〔註138〕　《日》11247-1931-s6.8.4-8，〈松木社長十分諒解〉。
〔註139〕　《日》11247-1931-s6.8.4-8，〈書類一到數日中便認可〉。
〔註140〕　《日》11247-1931-s6.8.4-5，〈請負業者の團結鞏固〉。
〔註141〕　《日》11249-1931-s6.8.6-4，〈土木協會幹部會工事包辦議論激烈〉。
〔註142〕　《日》11233-1931-s6.7.21-4，〈日月潭外債成立工事由重役會決定〉。
〔註143〕　《日》11250-1931-s6.8.7-4，〈松木社長與新井部長〉。
〔註144〕　《日》11250-1931-s6.8.7-1，〈發表期は切迫〉。
〔註145〕　《日》11250-1931-s6.8.7-2，〈提出した書類の嚴正な事を誓ふ〉。
〔註146〕　《日》11250-1931-s6.8.7-8，〈內地一流請負者亦似決定指名〉。

午，未達結論。」〔註147〕

## 圖52　日月潭競標廠商「初選」名單

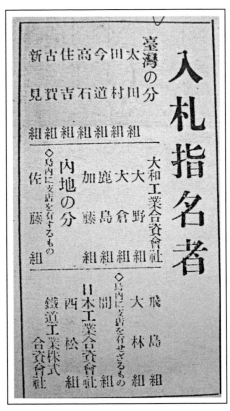

説明：入選廠商雖以臺灣家數較多，但大倉、鹿島，總公司都在日本。
　　　臺灣廠商得到的，遠不如臺電宣傳的這麼多，只能標到比較小
　　　或轉包的工程。
資料來源：《日》11249–1931–s6.8.6–4。

　　1931年8月8日，總督府公布「初選」門檻如下：(1)廠商年納稅額15,000
圓以上；(2)資本額100萬圓以上；(3)水力工程承包額500萬圓以上。初
選廠商至少要符合以上標準，另外再參酌廠施工技術、經驗、信用等等，讓
臺灣廠商及臺籍工人多一些機會，盡量給臺灣廠商「特別待遇」。最後結果，
臺灣廠商有十二家入選，日本廠商有七家，詳細名單請參考「圖52」。

　　初審結果公布後，松木表示日本七家廠商是從二十五家廠商中篩選而

來，入選者多半是歷史悠久的知名公司，松木還意有所指表示：「很多家日本廠商與臺灣廠商齊鼓相當，但皆未中選。」〔註148〕臺灣廠商入選家數較多，也都是臺灣本地有名的廠商。〔註149〕「資格標」審查結果公布後，松木再次強調過程絕對公正，選擇日本廠商是因為臺灣廠商「資力、經驗有侷限」所致，希望臺灣廠商能夠體諒。〔註150〕從外債通過到資格標審查公布，松木都展現一貫的低姿態，雖然結果不能令土木協會滿意。

### （參）臺電切割工區的秘密

臺電將整個工程切割為七個工區個別發包，不僅基於工程需要，更是預先降低未得標廠商反彈的措施，簡單地說，是一種數字上的策略。

日月潭工程經費並不是按等比分配的，經費最多的是第一、六、七工區，臺灣廠商若不能標到這三個指標性工區，便是「實質的失敗」。為降低臺灣廠商反彈，臺電答應將日月潭計劃附屬工程如特別高壓輸電線、變電所及其它工程「全部指定臺灣廠商。」所有勞工聘用「除熟工外，普通勞役者，務為使用臺灣勞工。」〔註151〕以此做為臺灣廠商「在地優先」論的回應。

### 表48　日月潭「七大工區」工程簡要內容

| 工　區 | 工　程　內　容 |
| --- | --- |
| 第一工區 | 武界壩、洪水路取入口；一、二號隧道 |
| 第二工區 | 二號隧道中央到四號隧道中央 |
| 第三工區 | 四號隧道到五號隧道中央 |
| 第四工區 | 五號隧道到二號開渠 |
| 第五工區 | 二號暗渠到日月潭 |
| 第六工區 | 水社、頭社堤堰及部份水壓隧道 |
| 第七工區 | 水壓隧道一部份及泥漿槽鐵管路及放水路 |

資料來源：《日》11352–1931–s6.8.9–4，〈日月潭水電再興工事包辦方針決定〉。

---

〔註148〕《日》11252-1931-s6.8.9-1，〈嚴選に入つた內地側七組〉。
〔註149〕熊野城造，《事業界と內容批判社》（臺北：精秀社，1931年12月發行），頁78～90、111～112。
〔註150〕《日》11352-1931-s6.8.9-4，〈日月潭水電再興工事包辦方針決定〉。
〔註151〕《日》11252-1931-s6.8.9-8，〈包辦指名者比率〉。

表 49　日月潭計劃發包經費計算（一）

| 工　　區 | 工　程　費 | 佔總經費 | 臺灣廠商 | 日本廠商 |
|---|---|---|---|---|
| 第一、六、七工區 | 600 萬圓 | 75% | 16% | 58%（7家） |
| 第二、三工區 | 120 萬圓 | 15% | 10%（7家） | 4%（3家） |
| 第四、五工區 | 80 萬圓 | 10% | 10% | 無 |
| 總計 | 800 萬圓 | 100% | 37% | 62% |

說明：小數點第一位省略，數字爲 1931 年數據，分臺、日廠商計算。

資料來源：《日》11255–1931–s6.8.12–4，〈臺灣組包辦比率十人之分一成七分〉。

表 50　日月潭計劃發包經費計算（二）

| 工　　區 | 工　程　費 | 佔總經費 | 臺灣廠商 | 日本廠商 |
|---|---|---|---|---|
| 第一區 | 500 萬圓 | 42% | 0% | 42% |
| 第二、三、四、五工區 | 400 萬圓 | 33% | 16% | 16% |
| 第六工區 | 200 萬圓 | 16% | | |
| 第七工區 | 100 萬圓 | 10% | | |
| 總計 | 1200 萬圓 | | 17% | 83% |

說明：小數點第一位省略，數字爲 1931 年數據，分臺、日廠商計算。

資料來源：《日》11255–1931–s6.8.12–4，〈臺灣組包辦比率十人之分一成七分〉。

　　依資格標公布結果，臺灣廠商入選雖有十二家，但最多只有七家會標到工程，日本廠商入選有八家，但得標率卻比臺灣廠商高很多。換言之，臺灣廠商的努力只有空泛數據的勝利，並無實質意義，土木協會對松木宣稱的特別禮遇，「毫不領情」。

　　資格標公布後，土木協會顧問安保忠毅譴責松木「態度豹變」、「遺憾至極」、「內臺主客顛倒」、「無視臺灣本位權益」，「松木社長聲明乃蹂躪本地業者，不勝痛歎。……松木做內臺主客顛倒之指定，蹂躪本島繁榮，樹立不名譽之紀念塔，本人深表遺憾。」〔註152〕土木協會會長藤江對這樣結果表示「憤慨悲憤」。〔註153〕日本廠商則靜靜準備競包工作，對臺灣廠商動作完全充耳不聞，只表示得標「勢在必得」。〔註154〕

〔註152〕　《日》11254-1931-s6.8.11-4，〈松木電力社長聲明無視本地權益〉。
〔註153〕　《日》11254-1931-s6.8.11-2，〈悲憤の聲滿ちた土木協會の會合〉。
〔註154〕　《日》11254-1931-s6.8.11-1，〈異常の緊張裡に請負聯盟大會〉。

### 圖 53　臺電社長松木「歧視」臺灣廠商漫畫

說明：發包期間，臺灣輿論一度對松木很不諒解，認爲其偏愛打扮花枝招展
　　　的「日本廠商」，而拋棄樸實的「臺灣廠商」。圖像對當事人的殺傷力，
　　　往往比文字要大得多。
資料來源：《日》11256–1931–s6.8.13–1。

　　日月潭外包經費約 1,600 萬圓，扣除購買硬體設備，能夠實際招標的金額約 800 萬圓（臺電提供設備也有 800 萬圓）。

　　如果按照「表 49」數據計算，日月潭計劃實質外包經費以 800 萬圓計，第一、六、七工區經費 600 萬圓，臺灣廠商約可得到 16%經費；第二、三工區約 120 萬圓，臺灣廠商可得到 10%經費；第四、五工區全部由臺灣廠商得標的話，總計臺灣廠商可得總經費 37%，日本廠商 62%。而且被列在臺灣廠商的「大倉組」與「鹿島組」，總公司都在日本，即使得標也會在日本訂購設備機具，是故雖然分在「臺灣組」，但實際上是不折不扣的「日本組」，所以扣除「大倉組」與「鹿島組」後，日本廠商實際得標比率爲 82%，臺灣廠商爲 17%。〔註155〕

　　第二種算法是臺電給予 400 萬圓已購設備，總經費從 800 萬圓增加到 1,200

_____

〔註155〕《日》11255-1931-s6.8.12-4，〈臺灣組包辦比率十人之分一成七分〉。

萬圓，其計算結果如「表 50」。由於第一工區為「全工區中最難工程，且水路亦相當延長」經費約 500 萬圓，土木協會預估「此為內地一邊獨佔也」；第二、三、四、五工區水路工程居多，每工區工程費約 100 萬圓，總計 400 萬圓，土木協會預估能標到 200 萬圓；第六工區約 200 萬圓，第七工區約 100 萬圓，合計 300 萬圓。總計日本廠商能得到總經費的 83%，臺灣廠商拿到剩餘的 17%，記者試算後表示：「不知松木尊重臺灣之形跡，果在何處。」〔註156〕

## 參、臺灣廠商的反應

資格標公布後，土木協會可謂「全盤皆輸」，連帶引起的失落與憤怒，遠比初選前還要嚴重，土木協會揚言集體退出競標，好讓問題泛政治化。經過總督府斡旋，透過各種公私情誼，土木協會無可奈何地接受事實，參加第二階段競標。

### 圖 54　決定集體退出競標的土木協會幹部

説明：初選結果公布後，土木協會訴求落空，決定退出日月潭工程競標，讓問題升高為政治問題，以增加談判的籌碼。臺灣廠商雖然未標到主工程，但卻從臺電釋出的附帶工程得報補償。
資料來源：《日》11256–1931–s6.8.13–2。

### （壹）臺灣廠商蘊釀退出競標

臺灣廠商的反擊遠超乎臺電預料，土木協會開會時，各代表「切齒扼腕，

〔註156〕《日》11254-1931-s6.8.11-2，〈臺灣組の請負比率十人で漸く一割七分〉。

聲淚俱下」決定全體退出競標，藉以突顯問題的嚴重性。〔註157〕

土木協會內部「穩健派」認為，資格標已由總督認可，無論抗爭如何激烈，都於事無補，應坦然面對結果；「強硬派」認為應全面退出競標，突顯嚴重性；「折衷派」主張且戰且走，視局勢發展再決定。

若按穩健派主張，土木協會將無法對先前立場自圓其說，強硬派雖然最能滿足群眾心理，但集體退出招標結果可能與臺電背後的總督府正面衝突，長期損失可能更大。折衷派則有點像原地踏步，但在集體情緒高漲的當下，集體退出最能安撫會員們激憤不平的情緒，土木協會顧問安保以無法保護土木協會利益為由，辭去顧問。〔註158〕

松木聞知土木協會動作後，只表示資格標的評選過程都經過總督、長官的諒解，並接到公文書後才公佈，對於集體退出競標一事，松木表示尚未接到書面申請，將靜觀局勢演變。但無法諒解的土木協會幹部說：「松木謀的是日本廠商的利益，而非臺灣廠商。」〔註159〕土木協會展開密商，討論即將發表的「集體退出聲明書」內容。〔註160〕松木則隨時向總督府報告土木協會動向，保持臺電對外口徑一致。〔註161〕

### （貳）事件的落幕

土木協會決定退出競標，並親自向總督報告說：「我等以事至如此不得已，乃報告此事。」總督則希望土木協會「此時宜冷靜，不可起彼此紛爭，盼再細思熟慮。」〔註162〕土木協會的激烈反應遠超出臺電預估，總督府也頻召臺電社長瞭解狀況，因為土木協會若退出競標，有損總督府威信。臺電則暗示若土木協會耐住性子，將有可能得到第五、六工區工程，但這種默契若說破，則明顯破壞遊戲規則。〔註163〕松木把一個未開標的工程「暗示」的如此明顯，也算盡了最大誠意，由於臺電的讓步，土木協會穩健派聲音抬頭，該派認為「相爭無益」，要求會長「慎重行事」，於是就在總督安撫、臺電暗

---

〔註157〕 《日》11255-1931-s6.8.12-2，〈日月潭工事請負を臺灣組連名で辭退〉。

〔註158〕 《日》11255-1931-s6.8.12-2，〈どんな猛運動も效果は疑はしい〉。

〔註159〕 《日》11256-1931-s6.8.13-1〈臺灣組の總辭退問題此際冷靜に靜觀したい〉。

〔註160〕 《日》11256-1931-s6.8.13-2，〈總辭退の聲明書明十四日に發表〉。

〔註161〕 《日》11256-1931-s6.8.13-2，〈紛糾の工事請負問題に圓滿解決の〉；11257-1931-s6.8.14-1，〈電力社長宅で妥協案を凝議〉。

〔註162〕 《日》11257-1931-s6.8.14-8，〈臺灣組五指名者訪問太田總督〉。

〔註163〕 《日》11257-1931-s6.8.14-1，〈電力一邊既有誠意得見圓滿解決曙光〉。

示、內部異論中，事件有了轉寰餘地。

### 圖 55　臺灣土木協會「聲明書」

說明：該「聲明書」由該會顧問安保起草，象徵該會放棄強硬路線，
　　　回到體制內參與日月潭競標。
資料來源：《日》11258–1931–s6.8.15–2。

　　總督府對松木處置十分不能諒解，交通局更是「糾問松木何以使臺灣土
木協會奮起至此，並聽取松木社長之陳辯，交通局與警務局對松木皆有相當
詰問。」〔註164〕留住土木協會參與競標，成為臺電工作重點。

　　由於總督府警務局長井上與土木協會顧問安保「自幼為友，各善交膝談
心。」透過井上扮演臺電與土木協會對話管道，井上「與松木屢次會見，而
與安保氏亦再三會談，發現雙方一致點。」臺電也希望「透過安保向土木協
會『動之以情』，緩和過激行動。」〔註165〕

　　短短二天，安保立場軟化，他希望「土木協會自重善處，勿累及協會自
身。」安保以為退出競標影響總督「威信」，對協會本身也不利。〔註166〕加上

〔註164〕　《日》11257-1931-s6.8.14-1，〈社長訪長官〉。
〔註165〕　《日》夕刊 11258-1931-s6.8.15-1〈愈よ井上警務局長請負問題の表面に立つ〉。
〔註166〕　《日》11258-1931-s6.8.15-1，〈土木協會側は飽まで初志貫徹〉。

臺電允諾釋出更多附屬工程，使得土木協會有臺階可下，但幾天的勞累，已使得土木協會成員極為疲憊。〔註 167〕

　　局勢日漸緩和，土木協會發表「聲明書」表示，在總督、長官「訓諭」下，加上臺電追加的工程預算中，已展現了臺電誠意，也充分尊重「臺灣在地優先」的精神，土木協會將不退出工程競標，並感謝全臺業者與輿論的支持。〔註 168〕

## 圖 56　日月潭計劃復工第一次競標會場

說明：第一次競標在臺電總公司會議室舉行。上圖為臺電主官與總督府監理
　　　官，下圖為各競標廠商，正仔細記下臺電宣布要項。
資料來源：《日》11291–1931–s6.9.17–2。

　　臺電允諾在主工程之外，另外釋放 400 萬圓預算，指定臺灣廠商承包。已經得到臺電允諾的土木協會還是透過顧問安保表示，日月潭復工是全臺官民努力的結果，臺電卻在臺灣這個小天地行「陰險小策」，侵害臺灣住民利益，為此紀念事業徒留污點。「一舉葬送松木社長誠屬易事，但卻危及總督統治臺灣威信，吾人擺脫一切牽絆，奮然應戰，行使正當防衛權。吾人非不知此舉野蠻，但信任總督、長官交涉，心存感激，松木社長也對其責任展現了良心，此事當和平落幕。」〔註 169〕土木協會將打擊面縮小在臺電，就結果而言，可

〔註 167〕　《日》11258-1931-s6.8.15-2，〈不眠と昂奮の為〉。
〔註 168〕　《日》11258-1931-s6.8.15-2，〈紛糾せる請負問題全く圓滿解決を告ぐ〉。
〔註 169〕　《日》11258-1931-s6.8.15-3，〈安保氏も聲明書を發表〉。

－238－

謂成功，臺電則釋放更多資源交換土木協會的合作，總督府則化解了一次政治危機爆發。

## 肆、日月潭計劃復工的競標

日月潭計劃復工共歷經二次競標，部份工區以超出底價流標，最後是以「議價」方式完成。

### （壹）第一次競標

參加第一次競標廠商中，如大倉組、加藤組、今道組都承包過 1929 年臺電軌道工程，對臺電工程本不陌生。〔註170〕臺灣的「鹿島組」也要與日本的「鹿島組」一同競標，激烈競爭可見一斑，臺灣廠商希望「全臺島民以興論為後援」幫助臺灣廠商得標。〔註171〕

將近 100 位日本廠商代表也到臺灣，業務代表前往臺電聽取簡報，工程師則前往日月潭工地實地調查與估價。〔註172〕1931 年 8 月 17 日，「新井部長說明競標注意事項，並交付各廠商書面資料。」各競標商有一個月時間展開準備工作，訂 9 月 17 日開標。〔註173〕

表51　日月潭計劃復工預估底標價格與投標、決標價格

| 工　區 | 預估底標 | （I） | 決標價格 | （I2） | 得標廠商 |
|---|---|---|---|---|---|
| 第一工區 | 270 萬圓 | 80～85% | 207 萬圓 | 76% | 鹿島組（臺） |
| 第二工區 | 80 萬圓 | 80% | 74 萬圓 | 92% | 大林組（日） |
| 第三工區 | 70 萬圓 | 80% | 75 萬圓 | 107% | 鹿島組（臺） |
| 第四工區 | 55 萬圓 | 80% | 39 萬圓 | 70% | 今道組（臺） |
| 第五工區 | 40 萬圓 | 80% | 28 萬圓 | 70% | 今道組（臺） |
| 第六工區 | 150 萬圓 | 70% | 187 萬圓 | 124% | 鐵道工業（日） |
| 第七工區 | 180 萬圓 | 70% | 158 萬圓 | 87% | 大倉組（臺） |
| 計 | 845 萬圓 | | 796 萬圓 | 94% | |

說明：（I）為預測投標價格佔預估底價百分比；（I2）為決標價格佔預估底價百分比。

資料來源：《日》11291–1931–s6.9.17–2，〈開かれる玉手箱日月潭の工事請負〉；11292–1931–s6.9.18–1，〈日月潭の請負工事〉。

〔註170〕　《日》10526-1929-s4.8.7-5，〈日月潭中止說を外に〉。
〔註171〕　《日》11226-1931-s6.7.14-4，〈電力工事近將入札〉。
〔註172〕　《日》11257-1931-s6.8.14-2，〈現場下見の人數百名に達せん〉。
〔註173〕　《日》11262-1931-s6.8.19-4，〈日月潭工事入札期日〉。

表 52　日月潭計劃復工第一次開標結果

| 工區 | 第一工區 | 第二工區 | 第三工區 | 第四工區 | 第五工區 | 第六工區 | 第七工區 |
|---|---|---|---|---|---|---|---|
| 第一標<br>（得標商） | 鹿島組<br>207 萬圓 | 大林組<br>74 萬圓 | 鹿島組<br>75 萬圓 | 今道組<br>39 萬圓 | 今道組<br>28 萬圓 | 鐵道工業<br>187 萬圓 | 大倉組<br>158 萬圓 |
| 第二標 | 飛鳥組<br>219 萬圓 | 太田組<br>77 萬圓 | 新見組<br>78 萬圓 | 古賀組<br>42 萬圓 | 高石組<br>31 萬圓 | 西松組<br>193 萬圓 | 西松組<br>178 萬圓 |
| 第三標 | 西松組<br>221 萬圓 | 佐藤組<br>80 萬圓 | 太田組<br>79 萬圓 | 住吉組<br>43 萬圓 | 大野組<br>33 萬圓 | 大倉組<br>194 萬圓 | 鐵道工業<br>181 萬圓 |
| 結果 | 得標 | 得標 | 重新開標 | 得標 | 得標讓出 | 重新開標 | 重新開標 |

說明：第五工區第一次開標由今道組得標，但讓給第二順位的高石組承包。「重新開標」
　　　表示得標廠商標價超出預算，依條約進行第二次競標。公司名稱有加框線者爲臺灣
　　　廠商，未加框線爲日本廠商。

資料來源：《日》11292–1931–s6.9.18–5，〈日月潭入札戰の結果〉。

表 53　日月潭計劃復工第二次競標參加廠商

| 第 三 工 區 | 第 六 工 區 | 第 七 工 區 |
|---|---|---|
| 大倉組（臺） | 大倉組（臺） | 大倉組（臺） |
| 鹿島組 | 鹿島組 | 鹿島組 |
| 太田組（臺） | 間組 | 間組 |
| 住吉組（臺） | 西松組 | 西松組 |
| 新見組（臺） | 日本工業 | 日本工業 |
| 大野組（臺） | 鐵道工業 | 鐵道工業 |
| 加藤組（臺） | | 佐藤組 |
| 大林組 | | 飛鳥組 |
| 飛鳥組 | | |

資料來源：《日》11292–1931–s6.9.18–5，〈三工區の再入札（十八日）〉。

　　比較值得注意的是，不少日本廠商將資料攜回日本，在日本完成競標的
準備工作，臺灣廠商因有之前土木協會退出一事，也努力於競標準備工作。
〔註 174〕
　　開標地點在臺電總公司三樓會議室舉行，松木、山中、南、宇賀、新井、
五百木庶務課長、總督府三宅遞信部長、會計課長都出席。臺電宣布投標書

〔註 174〕《日》11268-1931-s6.8.25-5，〈內臺請負業者の日月潭現場下見終る〉。

注意事項，如有違反，視爲無效標書。臺電預估不到最後截止日，不會有競標商交件。〔註 175〕

　　日本廠商因技術層次較高，經驗豐富，對於需要專業技術（隧道工程）的第二工區到第五工區而言，日本廠商容易脫穎而出。〔註 176〕

　　開標前一晚，日本廠商代表陸續回到臺北市，並在當天早上以快遞寄出投標書，根據處理投標書的臺電庶務課長五百木表示：「開標當天中午前，所有投標書都收齊，無一棄權。」〔註 177〕

　　開標當天早報刊登記者預估的底標價格與各工區最低投標價，爲方便比較，一併將決標價格製成「表 51」及「表 52」。當天下午，三宅遞信部長將會親自開啓投標箱，各標商底價都將一一揭曉。〔註 178〕開標當天，每家競標商只能有一名代表與會，連同官員在內，不超過三十位。〔註 179〕經過五十分鐘的開標，臺灣廠商在五個工區中以最低價得標，看似勝利，其實不然。〔註 180〕

### （貳）第二次競標

　　第一次開標結果，第三、六、七工區得標價格都超過底價，依規定進行第二次競標，有資格參加的廠商名單如「表 53」。臺灣廠商只能爭取第三工區，因爲第六、七工區要打敗日本廠商的機會渺茫。

　　第二次開標結果顯示，只確定了第六工區由日本廠商鐵道工業得標，第三、七工區最低標仍超出臺電底價，要重新開標。二次招標底價由臺電司馬按建設所所長石井林次郎訂定，並交由遞信部長包存於保險櫃中，開標當天才由櫃中取出，底價連臺電社長也不知情。依日本發包慣例，如所第二標價格又超出底價的話，第三次競標將以「議價」取代。〔註 181〕最後議價結果，第三工區以 64 萬圓由鹿島組承包，第七工區以 139 萬圓由大倉組承包，各區最後決標價格如「表 55」。

　　日月潭計劃七大工區總經費 738 萬圓，臺灣廠商承包了其中的 480 萬

〔註 175〕　《日》11289-1931-s6.9.15-5，〈日月潭工事の入札迫る〉。
〔註 176〕　《日》11290-1931-s6.9.16-5，〈頗る興味のある日月潭工事の入札〉。
〔註 177〕　《日》11291-1931-s6.9.17-5，〈各請負業者の緊張いよいよ最高潮に達す〉。
〔註 178〕　《日》11291-1931-s6.9.17-2，〈開かれる玉手箱日月潭の工事請負〉。
〔註 179〕　《日》11291-1931-s6.9.17-5，〈各請負業者の緊張いよいよ最高潮に達す〉。
〔註 180〕　《日》11292-1931-s6.9.18-5，〈斷然內地側を壓する〉。
〔註 181〕　《日》11293-1931-s6.9.19-5，〈預算超過の三、七工區は〉。

圓，佔 67%；日本廠商承包 244 萬圓，佔 33%。臺灣廠商還要加上附屬工程 400 萬圓，總共得到 880 萬圓，記者認爲這是臺灣廠商的勝利，「氣吐萬丈」。〔註 182〕

臺電發包給包商的總金額爲 570 萬圓，另外，爲了確保工程品質，包商所用物料如紅毛土、鋼筋等皆由臺電提供，隧道因怕水滲漏，「皆以紅毛土造成」。電廠主體及南北第一次高壓輸電線 260 萬圓，一次變電所四處，經費 600 萬圓，使用人數 253 萬人次（每天約 2,500 人），其中臺電直營工程用 42 萬人次。以籍貫分，全體包商用臺籍工人 166 萬人次，日籍工人 45 萬人次，臺籍工人佔 78%，扣除部份技術熟工與機械操作外，臺電一定程度上實踐了當初盡量以臺灣本位優先的僱工政策。〔註 183〕

**表 54　日月潭計劃復工第二次開標結果**

| 工　區 | 第 三 工 區 | 第 六 工 區 | 第 七 工 區 |
|---|---|---|---|
| 第一標 | 鹿島組<br>69 萬圓 | 鐵道工業<br>169 萬圓 | 大倉組<br>153 萬圓 |
| 第二標 | 住吉組<br>74 萬圓 | 大倉組<br>182 萬圓 | 鐵道工業<br>156 萬圓 |
| 第三標 | 太田組<br>74 萬圓 | 日本工業<br>182 萬圓 | 飛鳥組<br>156 萬圓 |
| 結　果 | 超出預算 | 得標 | 超出預算 |

說明：廠商標單價格計算到萬圓爲止，千圓部份省略。
資料來源：《日》11293–1931–s6.9.19–1，〈第三第七工區又豫算超過〉。

**表 55　日月潭計劃復工工程得標廠商與金額**

| 工　區 | 第一工區 | 第二工區 | 第三工區 | 第四工區 | 第五工區 | 第六工區 | 第七工區 |
|---|---|---|---|---|---|---|---|
| 承包商 | 鹿島組 | 大林組 | 鹿島組 | 今道組 | 高石組 | 鐵道工業 | 大倉組 |
| 決標價格 | 207 萬圓 | 74 萬圓 | 64 萬圓 | 39 萬圓 | 28 萬圓 | 187 萬圓 | 139 萬圓 |

資料來源：《日》11297–1931–s6.9.23–5，〈日月潭の七工區共請負者全部決定〉。

日月潭工程期間，臺電直營工程（鐵管、搬運）使用 15,000 人次，工程

〔註 182〕　《日》11297-1931-s6.9.23-5，〈日月潭の七工區共請負者全部決定〉。
〔註 183〕　《日》12254-1934-s9.5.26-8，〈日月潭電力七月發電〉。

監督、電車鐵軌、搬運維持、武界碎石工場使用 30 萬人次，興建發電廠、鐵管橋樑、各種水門等使用 5,000 人次，採砂作業 10 萬人次，共計 42 萬人次，加上各包商使用人數，總計 153.3 萬人次。〔註184〕

以臺灣人工作權優先的聘用原則，不僅是臺電對臺灣廠商的承諾兌現，更是成本的考量，對照同時期日本在朝鮮的聘用原則，就可發現日本資本充份利用殖民地廉價勞力的一面。

## 小　結

由於整個發包過程中，競爭太過激烈，臺灣廠商中不斷有人要對臺電松木與建設部長新井榮吉不利，總督府警務局為保護臺電主管，派二至三位刑警貼身長期保護松木與新井，免遭不測。臺電的解決之道，是與總督府保持密切聯繫，將工程分為七大工區，大工區以日本廠商指名競標，小工區由臺灣廠商競標，漸漸解決發包問題。〔註185〕據新井表示，臺灣廠商在開標前謠傳，得標的將會是今道組、鹿島組、高石組、大林組、大倉組，特別是清水組執行董事佐野利器，在松木擔任復興院副總裁時有同事關係，但開標結果，清水組並未得標，證明臺電的公正。〔註186〕總之，種種耳語與誤解，真假難知，但傳言的傷害，卻是當事人無力反擊的，只能靠時間來證明。

雖然發包過程幾經波濤，但從外債到發包完成，臺電已逐步邁向完工之路，臺灣廠商也從對立到妥協，接受無可挽回的事實，與日本廠商一同競標。從數據上看起來，似乎得到總經費 67% 的臺灣廠商勝利，臺電也滿足了各方的期望。但實際上，得標的臺灣大廠商中，總公司都在日本，從物料到人員，都要請日本支援或向日本訂料，故所謂臺灣廠商的「勝利」，畢竟只有空泛的數字而已。這個招標過程也反映長期處於封閉保護、官商共生關係下的臺灣廠商，一旦面臨日本廠商的競爭，那麼的不堪一擊，必須不斷以「在地優先」要求總督府、臺電給予承包機會。

〔註184〕《日》12258-1934-s9.5.20-4，〈裁減人員七月通水〉。
〔註185〕《松木幹一郎》（東京：松木幹一郎傳記編纂會，1941 年 9 月出版），頁 250。
〔註186〕《松木幹一郎》，頁 250。

# 第六章　臺灣電力產業的特色

　　臺灣電力系統一開始就是以「水主火從」的前瞻設計，初期的「規模經濟」全賴總督府以雄厚資金為後盾撐起。但龜山、小粗坑畢竟都屬小規模水力發電系統，耗費小，不會造成總督府財政負擔，緊接著的南臺灣、中臺灣水圳開發、河流整治、灌溉系統的計劃中，電廠也是其中一環，並佔總經費一半以上，加速臺灣電力產業的領先地位，比起殖民母國的日本，臺灣在各方面都大幅領先。但 1915 年起日月潭計劃開始蘊釀，裝置容量是龜山的 143 倍、小粗坑的 29 倍，龐大的資金、漫長的回收期、時間的急迫性，中央與地方交涉的延宕，使得日月潭計劃蘊釀同時，臺灣領先優勢已開始鈍化，從領先變落後，失去吸引日本資金進駐的條件。

　　製糖部門成立較電力部門早，設備與動力多能自給自足，在規模經濟與成本考量下，缺乏使用電力的誘因；另一方面，臺電輸電線不夠廣、電價不夠吸引力，亦是原因之一。日月潭計劃完工後，貿易為基礎的產業政策已轉換為軍需產業，發展也與民生部門脫鉤，走向軍事擴張的電力政策。

　　日本在 1908 年燈數首度超越 100 萬盞，1910 年 200 萬盞，1911 年 300 萬盞，1912 年 450 萬盞，短短五年內電燈數量增加 4.5 倍。〔註1〕究竟日本市場擴張的動力何在，是否像臺灣一樣由官方掌控使然，還是另有原因。實際上，日本因為每個區塊市場都有二至三家廠商同時競爭，加上電力過剩，各公司極力擴張，才讓市場快速成長。日本民眾因為選擇多，各供應商若不提供更好的服務，用戶可以透過廠商選擇，讓回饋機制運作。

---

〔註1〕　《日本帝國統計年鑑》第 33 回，（1914）大正 3 年，頁 304。

# 第一節　市場成長的動力

## 壹、臺電市場成長率的分析

　　臺灣每年用戶數成長，連帶會稀釋每戶平均燈數與亮度，無法讓質與量同步成長；日本市場雖然也有類似的趨勢，但陷入質與量泥沼時間很短，顯示日本具有豐沛的市場動能。臺灣市場的成長模式是先求普及率（量）增加，再將平均亮度與燈數（質）提升；質的部份，每戶平均亮度上升後，接著是每戶平均燈數的增加，但因整個電力資源在不斷被「稀釋」的過程中，每戶平均燈數無法一起成長，常是原地踏步或間歇衰退。造成這樣原因，主要是每戶平均消費能力接近臨界值，除非費率調降或消費者整體收入增加，否則「質」的成長將難以伴隨「量」的增加，這也是日治時代臺灣電燈普及率只有 40% 的主因。

　　臺電社長松木幹一郎的市場策略是，同步擴張市佔率與每戶平均消費額，而且數字上一反過去數年的低靡，在戶數、燈數、亮度幾乎有同步的提升，難能可貴是當時日月潭電廠仍在停工狀態，臺電靠松木的行銷概念，就能將既有設備的「邊際效益」擴大化為市場業績。

### 表 56　臺灣電燈市場成長（衰退）模式

| 成　長　模　式 | 衰　退　模　式 |
| --- | --- |
| 步驟一：用戶數增加。 | 步驟一：平均每戶燈數降低。 |
| 步驟二：平均每戶亮度增加。 | 步驟二：總燈數減少。 |
| 步驟三：平均每戶燈數增加（或降低） | 步驟三：總用戶數減少。 |

說明：臺灣與日本市場最大差異在於市場質與量的成長「速度」與「週期」。

### 表 57　高木友枝與松木幹一郎營運績效比較

| 高木友枝（1919～1929） | | 松木幹一郎（1929～1939） | |
| --- | --- | --- | --- |
| 年　　　度 | 電燈用戶成長率 | 年　　　度 | 電燈用戶成長率 |
| 1920 | 3% | 1929 | 19% |
| 1921 | 23% | 1930 | 7% |
| 1922 | 11% | 1931 | 16% |
| 1923 | 3% | 1932 | 12% |
| 1924 | 3% | 1933 | 3% |

| | | | | | |
|---|---|---|---|---|---|
| 1925 | 3% | | 1934 | 18% | |
| 1926 | 7% | | 1935 | 11% | |
| 1927 | 5% | | 1936 | 6% | |
| 1928 | 11% | | 1937 | 3% | |
| | | | 1938 | 4% | |
| 平均 | 8% | | 平均 | 10% | |

| 項　目 | 接任時 | 卸任時 | 增加率 | 項　目 | 接任時 | 卸任時 | 增加率 |
|---|---|---|---|---|---|---|---|
| 電燈用戶 | 5.7 萬戶 | 13.2 萬戶 | 131% | 電燈用戶 | 13.2 萬戶 | 28.2 萬戶 | 113% |
| 電燈數 | 16.9 萬盞 | 43.5 萬盞 | 157% | 電燈數 | 43.5 萬盞 | 87.4 萬盞 | 101% |
| 每戶燈數 | 2.9 盞 | 3.3 盞 | 14% | 每戶燈數 | 3.3 盞 | 3.1 盞 | -6% |
| 每戶亮度 | 69cp | 85cp | 23% | 每戶亮度 | 85cp | 104cp | 22% |

資料來源：臺電，《營業報告書》（1919～1939 年度）。

　　臺灣每戶平均燈數一直保持在 3 盞，但用戶數、亮度均有顯著成長，顯示市場一直擴大，但每戶平均負擔照明的消費能力似乎已經到臨界點，除非新一波降價刺激需求大幅成長，否則只能在舊用戶的平均電費上升級，松木在任十年，臺灣每戶燈數反而呈現-6%成長，就是臺灣市場缺乏動能的證明（請參考「表57」）。

　　高木友枝時代電燈用戶年平均成長率為 8%，松木時代是 10%。高木友枝在 1921 年創下 23%成長佳績，但 1923 年隨著日月潭計劃停工後，成長率僅維持個位數成長。松木接任的 1929 年，因為迅速回應輿論要求降價，當年創下 19%成長，1931 年日月潭外債成立當年再次調降，又創下 16%成長，1934年日月潭竣工，再度調降費率，又創下 18%成長佳績，總計松木十年之中，有五年維持「十位數」成長，而且第一個任期內就佔了三次。

　　高木友枝時代對臺電企業精神的領導與塑造較為投入，松木則以執行力落實政策，故在經營成果上展獲較多。

　　日月潭計劃特別地方在於它是一個「複合電廠計劃」，因為日月潭第一電廠成本太高，必須結合第二電廠才能攤平成本，但現實中第一、第二電廠完工期相差三年，第一電廠從動工到完工相差十年，還來不及與臺灣市場互動時，又將資源轉往軍需產業發展。因此臺灣後期的工業化未與民眾生活緊密結合，資金來源與消費市場互動也較少，臺灣缺少的部份，正是歐美電力部門發展的強項。

圖 57　臺電各營業所電燈數量與百分比

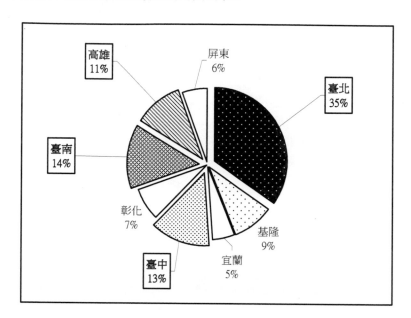

資料來源：臺灣電力株式會社，《營業報告書》（1919～1938）大正 8 年～昭和 13 年。

　　1919～1938 年間，臺電八個營業所轄下電燈數量百分比如「圖 57」，其中臺北所佔全臺所有電燈數量的 35%，居各營業所之首，其次爲臺南所的 14%，接著是臺中所 13%，高雄所 11%，轄區不大的基隆所也有 9%，屏東所與彰化所分別爲 6% 及 7%，宜蘭所則以 5% 殿後。

　　（1）臺北所：臺北市因屬於成熟期市場，故電燈用戶成長率在 1922 年後就維持在個位數（平均年成長率 6%），不似基隆、宜蘭都有 10～30% 的高成長率。

　　臺北是臺灣最先引進電燈的城市，更是清朝唯一有電燈的地區，加上清末經濟重心北移趨勢，使臺北位居領先地位。從電燈數量歷年成長率來看，臺北是個「早熟」的市場（相對其它城市而言），在成長率上並沒有突出的表現，能超過全臺燈數成長率的只有 1920 年、1922 年、此後一直到 1938 年爲止，再也沒有超越整體成長率，甚至 1925 年市場「零成長」時，臺北還出現「負成長」。另外在整體成長率較高的 1921 年、1929 年、1932 年、1934 年時，臺北與整體成長率的落後差距反而拉大，造成這種「不進反退」的原因不是臺北沒有成長，而是其它城市長年的低成長後，進步空間擴大所致。

　　再就臺北燈數佔整體燈數比率來觀察，1919～1938 年間，臺北電燈數佔整體燈數比率最高為 43～44%，幾近有一半電燈資源集中在大臺北地區，呈現資源高度集中的現象。但隨著時間推廣，臺北燈數雖然也在增加，但其它城市增加更多，故臺北燈數佔全體燈數百分比逐年降低，從 1920 年 44%，到 1927 年 39%，1938 年 31%（整體平均值 35%）。

　　換算成實際電燈數，從 1919 年 7.3 萬盞，到 1938 年 26.9 萬盞，顯示日治時代電燈有三分之一集中臺北，除此之外，臺北也是電力應用最深化、產品最多元的地區。

## 圖 58　北臺灣電燈用戶成長率

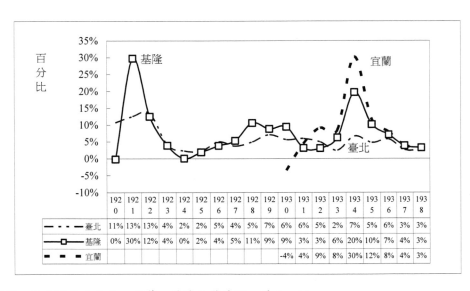

説明：北臺灣包含臺北、宜蘭、基隆三營業所。單位：%。

資料來源：臺電，《營業報告書》第 1～50 回，（1919～1945）大正 9 年～昭和 20 年。

　　（2）**基隆所**：基隆所在 1921 年創下 30%的最高成長率，1930 年代受不景氣影響較深，但 1934 年的調降又創下 20%成長率（平均年成長率 7%）。

　　基隆地區有三次超過整體成長率，第一次是 1921 年，原因是連年風災，小粗坑電廠故障後，基隆停電頻頻，於是臺電決定在基隆設立火力發電廠，1921 年完工後，供電品質獲改善，市場接受度得以打開。接著是 1923 年，1925 年則首度出現負成長，此後則低於整體成長率，直到 1934 年日月潭計劃完工後，連續三年超越整體成長率，顯示在長期低成長後，市場需求被臺電強勢行銷誘發。

　　1921 年，基隆火力正式啓用，爲基隆地區提供更好服務，當年基隆用戶成長率爲 30%，是基隆有統計資料中，最高的一次，連帶基隆火力發電率也從 1921 年的 1%，升爲 1922 年的 13%，發電量由 6.5 萬度升爲 233 萬度。另外，1930 年代基隆受不景氣影響較深（1931〜1932 年，成長率落後臺北、宜蘭），就長期趨勢來看，基隆所轄下電燈數量佔市場全部數量的比率長期維持在 9〜11%，表現穩定。

　　（3）宜蘭所：該所營業區域原屬臺灣電興所有，1929 年臺灣電興與臺電合併後，臺電爲存續公司，並新增宜蘭所負責，宜蘭地區長期受到壓抑與消極政策影響，成長極爲有限。1929 年臺電接手經營後，用戶數不增反退，1930 年反而出現罕見的負成長（-4%），與時代趨勢大相逕庭，1934 年調降創下 30% 高成長，實因過去分配到資源極爲有限所致（平均年成長率 8%）。

　　造成如此的原因，乃是天送埤電廠以「北送」爲優先任務，普及電燈居次，故不能在宜蘭地區增加太多負載，此即市場獨佔缺點之一，宜蘭地區用戶數在 1933〜1935 年才併發出來，從 8,000 戶增加到 12,000 萬戶。臺電爲了發展工業化，在資源有限情況下，既要獨佔，又不開放，只好犧牲部份地區發展可能，藉以滿足北臺灣的用電需求。

## 圖 59　中臺灣電燈用戶成長率

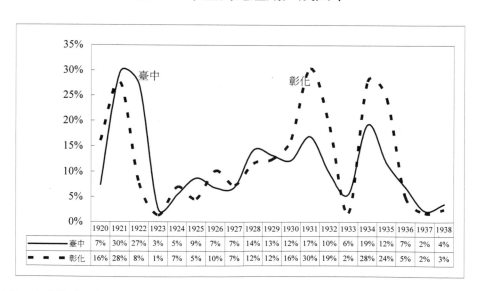

| | 1920 | 1921 | 1922 | 1923 | 1924 | 1925 | 1926 | 1927 | 1928 | 1929 | 1930 | 1931 | 1932 | 1933 | 1934 | 1935 | 1936 | 1937 | 1938 |
|---|---|---|---|---|---|---|---|---|---|---|---|---|---|---|---|---|---|---|---|
| 臺中 | 7% | 30% | 27% | 3% | 5% | 9% | 7% | 7% | 14% | 13% | 12% | 17% | 10% | 6% | 19% | 12% | 7% | 2% | 4% |
| 彰化 | 16% | 28% | 8% | 1% | 7% | 5% | 10% | 7% | 12% | 12% | 16% | 30% | 19% | 2% | 28% | 24% | 5% | 2% | 3% |

說明：中臺灣地區包含臺中、彰化兩營業所。單位：%。

資料來源：臺電，《營業報告書》第 1〜50 回，（1919〜1945）大正 9 年〜昭和 20 年。

　　1930 年，宜蘭首度出現「負成長」，1933～1936 年間，宜蘭地區連續四年超越整體成長率，顯示此區域也是日月潭計劃完工後頗有斬獲的地區。1937年成長率僅 1%，但整體卻有 6%成長，比較其它地區，似較為特殊，1938 年，宜蘭地區成長率又超越整體成長率。

　　就長期趨勢來看，宜蘭所轄下電燈數量佔市場全部數量的比率長期維持在 3～4%，表現平平。

　　中臺灣地區（臺中、彰化）數據請參考「圖 59」。

　　中臺灣地區是臺電後期才加強開發的市場，臺電臺中所內的資源分佈本就懸殊，彰化所則更晚於臺中所開發，1930 年代，臺電才著力中臺灣電燈用戶拓展。從數據來看，中臺灣在早松木就任後才有顯著的成長，臺中、彰化這個以往低於平均值的地區得到更多資源挹注（彰化又優於臺中），彰化在1931 年、1934 年，各創下電燈用戶成長率 30%與 28%的記錄，表現高於臺中市的 17%與 19%。

　　1938 年以後，每戶平均亮度與總燈數不斷增加，但每戶平均燈數反而降低，顯示有「以質換量」的趨向（以質的降低換取量的增加），盡管臺電並無法掌握這樣的發展，實質上資源被「稀釋」了。

　　（4）臺中所：該所除了 1920、1923、1929、1938 年外，電燈數量成長率皆高於臺灣平均值，就長期趨勢來看，臺中所轄下電燈數量佔市場全部數量的比率由 11%緩步成長到 1930 年代後期的 15%，屬於後期成長較顯著的地區。

　　（5）彰化所：彰化所在 1921 年出現電燈數量 45%的顯著成長，1922～1923 年略低於整體成長率，接著 1924～1932 年間，除了 1928 年低於整體成長率之外，連續八年都高於整體成長率，日月潭計劃完工當年，更創下 20%成長率，顯示該區新興市場的特質。

　　就長期趨勢來看，彰化所轄下電燈數量佔市場全部數量的比率由 5%緩步成長到 1930 年代後期的 9%，也是屬於後期成長較顯著的地區。

　　（6）高雄所：高雄所在 1920 年創下 38%的電燈成長率後，曲線即跟隨整體曲線消長，而且幾乎是重疊，這段期間從 1921～1925 年。1927～1929 年間，成長率又高於整體平均值，除了 1932 年略低平均值外，呈現出自 1927～1938 年間，連續十一年高於平均值的成長率。

　　就長期趨勢來看，高雄所轄下電燈數量佔市場全部數量的比率由 8%緩步

成長到 1930 年代後期的 12%，亦是屬於後期成長較顯著的地區。

（7）臺南所：臺南引進電燈比高雄要早，對新事物的接受度也較高，但自臺電成立後，1920 年反而較前一年出現-3%的成長率，從 1920～1925 年間，連續六年成長率低於平均值（包含二年的負成長），十九年統計中，有十一年低於平均值，顯示在南臺灣城鎮中，臺南是接近成熟期的市場。

就長期趨勢來看，臺南所轄下電燈數量佔市場全部數量的比率由最初的 17%，中有遞減及小幅上升，又緩步遞減到 1930 年代後期的 14%，故該所與臺北所性質接近，屬於成熟期的市場型態。

（8）屏東所：屏東所以 1921 年 45%最高，1931 年 0%最低，19 年統計中，有十年成長率高於整體平均值。

就長期趨勢來看，屏東所轄下電燈數量佔市場全部數量的比率由 4%緩步成長到 1930 年代後期的 6%，表現也十分穩定。

（9）整體分析：總計全臺西部八個城市電燈戶數與成長率請參「表 58」與「表 59」。1920～1938 年間，每年用戶成長率 9%，這個自然增長率符合臺電內部估算值（9.2%），顯示松木接掌臺電後對市場調查著力之深。

臺灣電燈用戶成長曲線共有四個高峰，第一個高峰在 1921～1922 年間，幾乎八個城市都呈現「十位數」的成長率，整體成長率分別為 23%及 11%，只有彰化與臺南表現低於整體平均值。

第二個高峰在 1928～1929 年間，整體成長率分別為 11%及 19%，其中 1929 年彰化、臺南表現還是低於整體平均值。

第三個高峰在 1931～1932 年間，整體成長率分別為 16%及 12%，前二波高峰落後的彰化、臺南地區反而超越整體平均值。

第四個高峰在 1934～1935 年，整體成長率分別為 18%及 11%，臺南因已趨於飽和（就臺電擴充能力而言），因此剩下彰化地區成長率還高於整體平均值。綜觀四個成長高峰，有如下特徵：

（1）四個高峰成長率都高於 10%以上，日月潭計劃的中挫，讓市場成長陷於低潮，1923～1927 年間更創下連續三年 3%的成長率，平均成長率只有 3～7%之間，低於整體的 9%成長率，直到高木友枝社長任期最後二年才有 11%及 19%佳績。其次，八個超過 10%的成長年度，有五個是由松木社長主導，有兩個是拜日月潭計劃啟動之賜，只有一個是高木友枝社長主導。這顯示臺電社長對市場是否具備非常「穿透力」的理解，精準評估未來發展趨勢，以

及執行策略是否正確，都將直接反映在臺電的營運成績上。

（2）四個高峰都奠定於行銷策略的調整，消息面利多只是輔助，第一個高峰拜日月潭計劃在國內外囑目下開工，第二高峰是費率調降加上貴族院通過外債案利多刺激，第三高峰是松木以火力電廠加上日月潭計劃重新復工，費率調降等因素合成，第四高峰是費率調降及日月潭第一電廠竣工所致。

（3）臺電八個營業所中，臺北、臺南所屬於成熟期市場，電燈成長率已趨於緩和，其餘各所則屬 1930 年代以後才有顯著的成長率，但臺中所營業區內，又呈現內部的資源不平均與排擠現象，臺中市與臺中縣鄉鎮又呈現極大的落差。

### 表 58　臺灣各地區電燈戶數

| 地區<br>年度 | 臺北 | 基隆 | 宜蘭 | 臺中 | 彰化 | 臺南 | 高雄 | 屏東 | 總用戶數 |
|---|---|---|---|---|---|---|---|---|---|
| 1919 | 19681 | 5357 |  | 6377 | 4168 | 11047 | 4541 | 6788 | 57959 |
| 1920 | 21788 | 5345 |  | 6849 | 4836 | 10309 | 6540 | 3764 | 59431 |
| 1921 | 24522 | 6933 |  | 8884 | 6173 | 12271 | 7862 | 5821 | 73308 |
| 1922 | 27817 | 7799 |  | 11293 | 6646 | 12648 | 8715 | 6584 | 81502 |
| 1923 | 28938 | 8102 |  | 11579 | 6733 | 12803 | 9440 | 6722 | 84344 |
| 1924 | 29605 | 8103 |  | 12208 | 7199 | 13190 | 9578 | 6992 | 86875 |
| 1925 | 30261 | 8255 |  | 13267 | 7530 | 13609 | 9819 | 7009 | 89750 |
| 1926 | 31783 | 8570 |  | 14167 | 8289 | 15921 | 10085 | 7331 | 96146 |
| 1927 | 32958 | 9025 |  | 15148 | 8897 | 16733 | 10676 | 7658 | 101095 |
| 1928 | 34581 | 9979 |  | 17303 | 9928 | 18172 | 11848 | 10064 | 111875 |
| 1929 | 37035 | 10857 | 6949 | 19590 | 11161 | 21048 | 14574 | 11475 | 132689 |
| 1930 | 39101 | 11880 | 6703 | 21990 | 12984 | 22139 | 16184 | 11612 | 142593 |
| 1931 | 41424 | 12248 | 7004 | 25709 | 16927 | 30622 | 20090 | 11433 | 165457 |
| 1932 | 43465 | 12622 | 7643 | 28207 | 20128 | 36591 | 21961 | 14476 | 185113 |
| 1933 | 44526 | 13409 | 8282 | 29813 | 20497 | 36371 | 22315 | 15539 | 190752 |
| 1934 | 47487 | 16041 | 10782 | 35566 | 26205 | 40426 | 27309 | 20345 | 224161 |
| 1935 | 49722 | 17667 | 12039 | 39759 | 32608 | 44979 | 30243 | 22293 | 249310 |
| 1936 | 52564 | 18918 | 12995 | 42537 | 34237 | 47697 | 32531 | 23090 | 264569 |
| 1937 | 53939 | 19639 | 13505 | 43499 | 34850 | 48735 | 34333 | 24138 | 272638 |
| 1938 | 55332 | 20269 | 13968 | 45059 | 35722 | 51046 | 36165 | 24995 | 282556 |

資料來源：臺電，《營業報告書》第 1～50 回，（1919～1945）大正 9 年～昭和 20 年。

### 表 59　臺灣各地區電燈戶數成長率

| 地區<br>年度 | 臺北 | 基隆 | 宜蘭 | 臺中 | 彰化 | 臺南 | 高雄 | 屏東 | 總計 |
|---|---|---|---|---|---|---|---|---|---|
| 1920 | 11% | 0% | | 7% | 16% | -7% | 44% | -45% | 3% |
| 1921 | 13% | 30% | | 30% | 28% | 19% | 20% | 55% | 23% |
| 1922 | 13% | 12% | | 27% | 8% | 3% | 11% | 13% | 11% |
| 1923 | 4% | 4% | | 3% | 1% | 1% | 8% | 2% | 3% |
| 1924 | 2% | 0% | | 5% | 7% | 3% | 1% | 4% | 3% |
| 1925 | 2% | 2% | | 9% | 5% | 3% | 3% | 0% | 3% |
| 1926 | 5% | 4% | | 7% | 10% | 17% | 3% | 5% | 7% |
| 1927 | 4% | 5% | | 7% | 7% | 5% | 6% | 4% | 5% |
| 1928 | 5% | 11% | | 14% | 12% | 9% | 11% | 31% | 11% |
| 1929 | 7% | 9% | | 13% | 12% | 16% | 23% | 14% | 19% |
| 1930 | 6% | 9% | -4% | 12% | 16% | 5% | 11% | 1% | 7% |
| 1931 | 6% | 3% | 4% | 17% | 30% | 38% | 24% | -2% | 16% |
| 1932 | 5% | 3% | 9% | 10% | 19% | 19% | 9% | 27% | 12% |
| 1933 | 2% | 6% | 8% | 6% | 2% | -1% | 2% | 7% | 3% |
| 1934 | 7% | 20% | 30% | 19% | 28% | 11% | 22% | 31% | 18% |
| 1935 | 5% | 10% | 12% | 12% | 24% | 11% | 11% | 10% | 11% |
| 1936 | 6% | 7% | 8% | 7% | 5% | 6% | 8% | 4% | 6% |
| 1937 | 3% | 4% | 4% | 2% | 2% | 2% | 6% | 5% | 3% |
| 1938 | 3% | 3% | 3% | 4% | 3% | 5% | 5% | 4% | 4% |
| 平均 | 6% | 7% | 8% | 11% | 12% | 9% | 12% | 9% | 9% |

資料來源：臺電，《營業報告書》第 1～50 回，（1919～1945）大正 9 年～昭和 20 年。

### 表 60　臺電各營業所電燈數量

| 地區<br>時間 | 臺北 | 基隆 | 宜蘭 | 臺中 | 彰化 | 臺南 | 高雄 | 屏東 | 埔里 | 事業<br>用 | 總燈數 |
|---|---|---|---|---|---|---|---|---|---|---|---|
| 1919 | 73703 | 18418 | | 18584 | 8702 | 29098 | 13602 | 7618 | | | 169725 |
| 1920 | 83801 | 19588 | | 20227 | 10057 | 28280 | 18744 | 8822 | | | 189519 |
| 1921 | 100816 | 25855 | | 26945 | 14565 | 36083 | 24309 | 12796 | 2182 | | 243551 |
| 1922 | 115168 | 29066 | | 33267 | 15838 | 38173 | 27400 | 13813 | | | 272725 |
| 1923 | 121504 | 32884 | | 34630 | 16436 | 39583 | 28978 | 14382 | | | 288397 |
| 1924 | 126225 | 34071 | | 36899 | 17872 | 41092 | 30314 | 15721 | | | 302194 |
| 1925 | 124216 | 33634 | | 38351 | 18193 | 40283 | 30291 | 15973 | | | 300941 |
| 1926 | 127669 | 34136 | | 40476 | 20232 | 45723 | 31072 | 16521 | | 2714 | 318543 |
| 1927 | 133043 | 35755 | | 43782 | 21681 | 49197 | 33295 | 18089 | | 2876 | 337718 |
| 1928 | 145629 | 38948 | | 49499 | 23792 | 53933 | 38131 | 22756 | | 2963 | 375651 |

| 地區 |  |  |  |  |  |  |  |  |  |  |  |
|---|---|---|---|---|---|---|---|---|---|---|---|
| 1929 | 157824 | 42303 | 16197 | 55437 | 28041 | 61098 | 45454 | 25419 |  | 3425 | 435198 |
| 1930 | 167890 | 43417 | 15990 | 60892 | 30922 | 65074 | 48393 | 25617 |  | 3528 | 461723 |
| 1931 | 180586 | 45588 | 17038 | 69391 | 37709 | 73223 | 55288 | 25593 |  | 4042 | 508458 |
| 1932 | 190152 | 47349 | 18585 | 76091 | 41397 | 86644 | 60434 | 30578 |  | 7542 | 558772 |
| 1933 | 202672 | 50395 | 20983 | 83594 | 43992 | 91059 | 67007 | 34780 |  | 8099 | 602581 |
| 1934 | 219683 | 57643 | 25281 | 94061 | 52816 | 99714 | 74642 | 42039 |  | 5237 | 671116 |
| 1935 | 234425 | 63194 | 28333 | 102248 | 62068 | 106708 | 81562 | 45971 |  | 5436 | 729965 |
| 1936 | 243379 | 67963 | 31074 | 113732 | 67846 | 115291 | 88870 | 48812 |  | 5715 | 782682 |
| 1937 | 256795 | 71268 | 31280 | 121753 | 71828 | 118115 | 97260 | 52097 |  | 6878 | 828274 |
| 1938 | 269151 | 74718 | 34346 | 127947 | 75432 | 126349 | 104385 | 55232 |  | 7246 | 874807 |
| 平均 | 163717 | 43310 | 23911 | 62390 | 33971 | 67236 | 49972 | 26631 | 2182 | 5054 |  |

資料來源：臺灣電力株式會社，《營業報告書》（1919～1938）大正 8 年～昭和 13 年。

### 表61　臺電各營業所電燈數量百分比

| 地區\時間 | 臺北 | 基隆 | 宜蘭 | 臺中 | 彰化 | 臺南 | 高雄 | 屏東 | 埔里 | 事業用 | 計 |
|---|---|---|---|---|---|---|---|---|---|---|---|
| 1919 | 43% | 11% |  | 11% | 5% | 17% | 8% | 4% | 0 | 0% | 100% |
| 1920 | 44% | 10% |  | 11% | 5% | 15% | 10% | 5% | 0 | 0% | 100% |
| 1921 | 41% | 11% |  | 11% | 6% | 15% | 10% | 5% | 1% | 0% | 100% |
| 1922 | 42% | 11% |  | 12% | 6% | 14% | 10% | 5% | 0 | 0% | 100% |
| 1923 | 42% | 11% |  | 12% | 6% | 14% | 10% | 5% | 0 | 0% | 100% |
| 1924 | 42% | 11% |  | 12% | 6% | 14% | 10% | 5% | 0 | 0% | 100% |
| 1925 | 41% | 11% |  | 13% | 6% | 13% | 10% | 5% | 0 | 0% | 100% |
| 1926 | 40% | 11% |  | 13% | 6% | 14% | 10% | 5% | 0 | 1% | 100% |
| 1927 | 39% | 11% |  | 13% | 6% | 15% | 10% | 5% | 0 | 1% | 100% |
| 1928 | 39% | 10% |  | 13% | 6% | 14% | 10% | 6% | 0 | 1% | 100% |
| 1929 | 36% | 10% | 4% | 13% | 6% | 14% | 10% | 6% | 0 | 1% | 100% |
| 1930 | 36% | 9% | 3% | 13% | 7% | 14% | 10% | 6% | 0 | 1% | 100% |
| 1931 | 36% | 9% | 3% | 14% | 7% | 14% | 11% | 5% | 0 | 1% | 100% |
| 1932 | 34% | 8% | 3% | 14% | 7% | 16% | 11% | 5% | 0 | 1% | 100% |
| 1933 | 34% | 8% | 3% | 14% | 7% | 15% | 11% | 6% | 0 | 1% | 100% |
| 1934 | 33% | 9% | 4% | 14% | 8% | 15% | 11% | 6% | 0 | 1% | 100% |
| 1935 | 32% | 9% | 4% | 14% | 9% | 15% | 11% | 6% | 0 | 1% | 100% |
| 1936 | 31% | 9% | 4% | 15% | 9% | 15% | 11% | 6% | 0 | 1% | 100% |
| 1937 | 31% | 9% | 4% | 15% | 9% | 14% | 12% | 6% | 0 | 1% | 100% |
| 1938 | 31% | 9% | 4% | 15% | 9% | 14% | 12% | 6% | 0 | 1% | 100% |
| 平均 | 37% | 10% | 4% | 13% | 7% | 14% | 11% | 6% | 0% | 1% | 100% |

資料來源：臺灣電力株式會社，《營業報告書》（1919～1938）大正 8 年～昭和 13 年。

## 貳、臺電營運數據的比較

　　總督府之所爲維持電力市場的獨佔體制，有其政策理想的淵源，因爲總督府相信獨佔可避免有限資源的浪費，深信龐大規模經濟的供電方式，能讓市場獲得最大利益。本文將從「資產報酬率」、「營業利益率」、「淨利成長率」、「總資產成長率」、「總資產週轉率」等五項觀察企業營運的指標，觀察臺電的營運效率是增長還是衰退，營運效率是否與臺電的規模經濟呈現正相關，除了上述臺電在時間軸上的比較外，更要將臺電與其它民營電力公司做一水平比較，指出多少的資產總額最能創造最高的營業利益。

　　營運的好壞因素在於「規模經濟大小」及「市場規則訂定」。關於前者，論者以臺電資產龐大，爲兼顧政策需求做出許多犧牲，但本文將指出，即使日月潭計劃成功，臺電也配合非營利導向的政策配合，臺灣市場長期獨佔的因素，仍會支配臺電營運的表現。換言之，日月潭計劃的成功與否，雖然直接衝擊營運表現，但市場深層的結構性問題，才是主導臺灣電力部門的根本因素。

　　本文選擇臺電、臺灣電興、新竹電燈、嘉義電燈、臺灣電燈、臺灣合同、花蓮港電燈等七家民營電力公司，這七家電力公司雖然都是區域獨佔，但正因爲缺乏第二家廠商競爭，使得比較結果更具參考性。其次，這七家電力公司各有獨佔的營業區域，資本額大小、系統規模、營業策略、市場行銷、財務結構各不相同，從比較中可看出那一家公司的資產規模最適合在臺灣發展，以及資產總值與市場規模的比例關係。

### （壹）資產報酬率

　　各電力公司爲了生產與銷售，必須添購電力發、輸、配、送設備，加上薪資及長、短期負債總合，就是該公司資產總值。因此資產報酬率愈高，表示資產運用效率愈高，反之則愈差，各家電力公司資產報酬率請參考「表 62」。

　　從資產報酬率來看，臺電在全臺民營電力公司中，資產報酬率排名爲倒數第三，平均資產報酬率爲 3.8%，僅高於嘉義電燈的 3.6% 及臺灣合同的 2%，比起新竹電燈的 10% 及臺灣電燈的 9%，差距很大。換算成數字的意義是，臺電每投入 100 圓，每年只能賺 3.8 圓，顯見規模經濟與資產報酬率未成正相關。

　　臺電歷年資產報酬率趨勢是逐年下降，資產總額中固定資產比重不斷增加，主要是不斷投資新電廠的開發，但每單位投資的獲利能力卻愈來愈差。

其中，數字若能最快方式是「降低負債」，但這對臺電來說幾乎不可能，因為不管臺電是否願意，長期以來，臺電被視為總督府電力政策的「代行機關」，許多投資與負債都不是臺電主動發起，而是被動配合政策需求，加上臺電重大投資都不是從盈餘累積中撥出，而是靠大量公司債與借款，經常是「舊債未清，新債又來」，很難降低負債以提高資產利用率。

　　臺灣電興數據顯然比臺電出色，主因是中止借款，並逐年降低負債，雖然市場擴張幅度不大，但報酬率卻在上升中，1928 年的資產報酬率為 8.2%，是臺電的二倍，臺電的資產總額為數千萬圓，臺灣電興只有數百萬圓，後者卻能創造出比前者更好的營運效能。

　　第二個提高資產報酬率的方法是「增加收入」，事實上臺電只能靠擴展市場，尤其是電燈與大契約用戶的拓展。臺電在 1929 年由松木領導後，市場規模有顯著增加，但因固定資產增加更多，以致在資產報酬率上反而降低，1931年後，臺電資產報酬率在 1～3%間升降，看得出臺電在營運上的努力。

　　臺灣電興資產總額在天送埤電廠完工後達到最高，經過歷年分期償還，逐漸降低。另一方面，大部份電力售予臺電，收入穩定，產能售出率幾近 90%以上，故反映在資產報酬率上比臺電耀眼。1922～1929 年間，臺電與臺灣電興平均報酬率分別為 5.2%及 5.8%，顯示後者資產利用率較高，臺灣電興股東每年現金股利也比臺電股東多出 2～4%。

　　竹電與嘉電合併後，資產報酬率也比個別要高，顯示合併藉以增加獲利的目標已經達成。最差的是臺灣合同，由六個獨立的區域供電網勉強湊成，當初為了不讓各參加公司有所損失，估價盡量寬鬆，造成高達 600 萬圓的資產總額，故平均資產報酬率只有 2%，已失去企業合併的積極意義。

### （貳）營業利益率

　　營業利益就是該電力公司營業收入扣除成本支出後的比率，因此營業利益率愈高，代表該廠商對成本和費用控制愈好，反之則愈差。

　　首先，臺電面臨營業利益率逐漸下滑，但投資與收益不斷擴大，顯示後期臺電的高營收是奠基在高支出上，並以 1934 年為分界點，在此之前的 1921～1933 年間，每年平均年利益率還有 45%，但 1934～1944 年間平均卻只有14%，尤其戰爭後期，臺電配合國策的投資更是不計成本與利潤導向，以低價供應製鋁工業，是造成營業利益率下滑主因。

　　臺灣電興平均營業利益率 49%，比臺電的 31%要高許多，且每年也維持

在水準之上，表現十分穩定，顯示臺灣電興成本控管維持在穩定狀態。

新竹電燈營業利益率從 1920 年代的 40%遞降到 1930 年代的 20%，造成收入減少原因是面臨供電區域內不斷的抗爭，因爲竹電費率平均比臺電高 20～40%（加上其它收費名目），短則數月，長則半年的拒繳罷用，讓新竹電燈營業利益率節節下滑。其次，以火力機組爲主的竹電，機器老舊，燃燒效率愈來愈差，造成支出成本增加，也降低了營業利益率。

嘉義電燈營業利益率平均雖然只有 15%，不及竹電的 33%，但卻十分穩定，變動率小。

臺灣電燈爲竹電與嘉電的合併，其營業利益率平均 24%，主要是新竹、苗栗地區的高費率支撐出來的數據，並非財務控管良好。

以桃園爲總部的臺灣合同，平均營業利益率 16%，比臺電的 31%要低，顯示臺灣合同資產龐大及控管不良的弊病，讓營業利益率從 1920 年代的 20%降到 1930 年代的 10%，印證區域獨佔下的臺灣合同，未擅用政策保護的美意，卻坐享高股利的保障。

供電區域拉得最長的花蓮港電燈，平均營業利益率也有 39%，排名僅次於臺灣電興的 49%，顯示資本額大小與營業利益率並非正相關，市場訂定與財務控管，才是提高營業利益率的關鍵。臺電享有最大的資本額，但營業利益率卻不如其它民營電力公司，顯示對於規模經濟優勢的迷思，值得重新定位：「什麼才是消費者最需要的。」是一家超大型電力公司，還是親切的服務，還是低廉的價格。

### （參）淨利成長率

淨利成長率愈高，表示企業賺錢的利潤增加愈快，反之則愈慢。淨利成長率反映該家公司經營能力與效率，如果連續數年正成長，表示該公司體質正在茁壯，反之，則是經營的警訊。

臺電的淨利成長率忽高忽低，曲線穿梭在正、負成長間，且振幅頗大，只有 1929～1931 年連續三年，及 1936～1942 年連續七年正成長，整體平均淨利成長率 9%，在七家電力公司中，敬陪末座。但此點不能只從臺電企業體質不健全來解釋，經濟整體環境也支配著臺電淨利成長率，在統計的二十一年中，臺電只有五年是負成長。以臺電數千萬圓資產額，創造的淨利成長率卻不如中、小型規模的公司，再次顯示規模經濟與獲利率並無直接關係，臺電經驗反而創造「最大資產額，最低淨利率」的記錄。

　　臺灣合同 1923～1930 年淨利成長率降低，是因為連續數期以每期三至四萬圓降低資產總額，償還貸款、減資等改善財務結構措施所致。〔註2〕但這樣的努力並無法降低資產總額與不斷惡化的財務結構，到了 1925 年還出現淨利虧損 4,000 圓的負成長。〔註3〕1924～1928 年間，更是連續五年負成長，顯示由六家公司勉強合併的臺灣合同，獲利能力得不到任何改善。

　　新竹電燈平均淨利成長率 16%，僅在 1923、1928、1932 年出現負成長，1917～1922 年還有連續六年正成長，顯示新竹電燈獲利能力不差。嘉義電燈平均淨利成長率 11%，十三年中有七年負成長。臺灣電燈平均淨利成長率 16%，合併後的臺灣電燈，似乎比合併前獲利能力更高，連續八年正成長。

　　一般正常的淨利成長率是高低交迭出現的，因為電力公司的人事成本增加、費率調降、新電廠投資等，都會降低淨利成長率，市場的擴張也需要一段時間才會反應在淨利成長率上，因此若能連續三年以上正成長，表示該公司獲利能力強勁。

### （肆）總資產成長率

　　總資產成長率愈高，表示企業資產增加得愈快，反之越慢。總資產成長率用在電力部門時，出現負數的原因有兩種可能：（1）表示該公司連續數年未增加市場或硬體折舊；（2）表示該公司市場繼續擴張，但部份盈餘轉為降低資產總額。一般而言，臺灣各民營電力公司的總資產成長率若出現負數，通常代表的意義是後者，代表該公司總資產額正在降低，財務也在改善，是件值得肯定的事。

　　臺電自 1923 年還有一筆資金挹注 13% 成長後，即維持個位數微幅成長，這是投資火力電廠與增加配電及用戶硬體設備的增加。但到了 1926 年總督發表停工宣告後，接連二年出現臺電史上首度也是唯一的負成長，顯示臺電在盈餘中，開始降低總資產額，避免財務結構惡化，雖然降幅有限，但顯示臺電在高木友枝最後三年任期內，積極降低總資產的努力。臺電平均總資產成長率為 11%，為七家民營電力公司最高，顯示臺電資產增加最快，特別是新電廠的開發投資，到 1936 年為止，臺電總資產已從最初的 3,000 萬圓增加到 1.26 億圓，其中固定資產佔 80%，其中日月潭電廠又佔三分之二以上。〔註4〕

〔註2〕　臺灣合同，《營業報告書》（第 9-11 回），（1923～1925）。
〔註3〕　臺灣合同，《營業報告書》（11），（1925），頁 6。
〔註4〕　《臺灣電氣協會會報》第 8 號，昭和 11 年 12 月（1936 年 12 月），〈臺灣電力

再比較臺電與臺灣電興，臺灣電興雖然自天送埤電廠完工後即無新投資，加上業績接續增長，盈餘逐年增加，財務結構開始改善，走向良性循環，平均總資產成長率 0%。

新竹電燈只有在 1924～1925 年間有兩年負成長，其它時間都是正成長，平均總資產成長率爲 8%。嘉義電燈在 1927、1929 年也有兩年負成長，其它時間都是正成長，平均總資產成長率 5%。竹電因開發一個中型水力發電廠，因此總資產成長率較嘉電高一些。

臺灣電燈平均總資產成長率 8%，1935 年有一次負成長，1936 年因開發新電廠，增加率爲 45%。

臺灣合同自 1929 年後，總資產即無增加，成長率最高爲 1%，平均總資產成長率爲-2%，顯示該公司長期致力於財務結構的改善，但實際效果很有限。

## （伍）總資產週轉率

總資產週轉率代表該公司利用資產創造銷售的能力，數值愈高，顯示該公司用最少的資產，創造出最高的收入，資產運用效率佳，反之，則有待加強。總督府自詡臺電的「規模經濟」在總資產週轉率上亦敬陪末座，平均總資產週轉率僅 11%。

臺電利用其龐大資產創造的業績，遠不如規模較小的臺灣電興，且在日月潭計劃復工後，臺電總資產週轉率還從 14%降到 8%。反而臺灣電興利用在宜蘭地區的特性，發展碳化鈣、製冰等副業，將總資產週轉率從 5%逐年拉高至 15%，不僅本、副業都在成長，且利潤用來降低資產總值，若非 1929 年被臺電合併，臺灣電興預估在利用蘇澳石灰石與蘭陽地區電力市場的開拓，還有很大的成長空間，但併入臺電後，臺灣電興的業績反幫助臺電總資產週轉率增加 1%，但此後即無法依地方特色與需求，創造屬於地方自身的市場文化。

竹電與嘉電雖然都是以火力機組爲主，但其總資產週轉率都在 20～30%之間，約爲臺電的一倍，其中竹電的數據又比嘉電高出約 10%，到 1932 年合併爲臺灣電燈前夕，竹電總資產週轉率已來到 39%的歷史新高。1932 年竹電與嘉電合併後，竹電爲存續公司，兩家公司合併之初，竹電受嘉電牽累，總資產週轉率降低 5%，但經內部調整後，很快又在 1935 年上昇到 44%。

從臺灣幾家民營電力公司總資產週轉率來看，臺電利用資產創造市場業

株式會社最近の營業概況〉，頁 49。

績的能力是最差的，原因不是臺電費率較便宜或利用水力機組的關係，眞正原因是臺電揹負太多政策任務的投資，資產總值太過龐大，而且資產又不能導入市場機制所致，顯示「國策公司」與「市場導向」有根本矛盾，臺電無法同時勝任兩種角色扮演的任務。

竹電、嘉電兩家合併的臺灣電燈，其總資產週轉率的高業績，並非轉投資營收多，而是高費率、低人事費，加上市場滿意度最差，三者匯集而成的數據。三家公司平均總資產週轉率分別爲 31%、24%、38%。

花電營業區域位於東部狹長的縱谷平原，沿著花蓮市、壽豐、鳳林、玉里等地區，總資產週轉率進展有限，但趨勢是漸漸向上，平均資產週轉率爲 14%。

在總資產週轉率上，顯示臺電龐大資產的運用效率，有待加強，因爲資產並沒有充分被利用在賺取利潤上。

## 表 62　臺灣各電力公司「資產報酬率」

| 公司 年度 | 臺電 | 臺灣電興 | 新竹電燈 | 嘉義電燈 | 臺灣電燈 | 臺灣合同 | 花蓮港電 |
|---|---|---|---|---|---|---|---|
| 1919 | | | 8% | 4% | | | |
| 1920 | | | 11% | 2% | | | 2% |
| 1921 | 4.8% | 0.4% | 12% | 3% | | 1% | 4% |
| 1922 | 5.9% | 4.3% | 10% | 3% | | 1% | 8% |
| 1923 | 5.7% | 3.9% | 7% | 3% | | 2% | 5% |
| 1924 | 5.1% | 4.7% | 9% | 3% | | 1% | 5% |
| 1925 | 5.2% | 5.5% | 11% | 2% | | 0% | 5% |
| 1926 | 6.0% | 6.4% | 14% | 3% | | 0% | 4% |
| 1927 | 4.7% | 6.7% | 15% | 4% | | 0% | 5% |
| 1928 | 4.1% | 8.2% | 8% | 3% | | 0% | 5% |
| 1929 | 5.0% | 5.9% | 9% | 6% | | 4% | 5% |
| 1930 | 5.8% | | 9% | 5% | | 4% | 6% |
| 1931 | 3.8% | | 9% | 5% | | 3% | 5% |
| 1932 | 2.3% | | 8% | 4% | 7% | 3% | 6% |
| 1933 | 3.8% | | | | 7% | 3% | 5% |
| 1934 | 3.3% | | | | 7% | 3% | 5% |
| 1935 | 1.8% | | | | 11% | 1% | 5% |
| 1936 | 2.2% | | | | 8% | 3% | 6% |
| 1937 | 2.7% | | | | 9% | 3% | 5% |
| 1938 | 3.1% | | | | 11% | 3% | 4% |
| 1939 | 2.5% | | | | 11% | 3% | |
| 1940 | 2.5% | | | | 12% | 4% | |

| | | | | | | |
|---|---|---|---|---|---|---|
| 1941 | 3.2% | | | | | |
| 1942 | 2.9% | | | | | |
| 1943 | 2.7% | | | | | |
| 1944 | 1.4% | | | | | |
| 平均 | 3.8% | 5% | 10% | 3.6% | 9% | 2% | 5% |

說明：資產報酬率＝淨利/資產總額*100%。

資料來源：根據各公司歷年《營業報告書》計算。

### 表63 臺灣各電力公司「營業利益率」

| 公司<br>年度 | 臺電 | 臺灣電興 | 新竹電燈 | 嘉義電燈 | 臺灣電燈 | 臺灣合同 | 花蓮港電 |
|---|---|---|---|---|---|---|---|
| 1919 | | | 41% | 20% | | | 57% |
| 1920 | | | 41% | 14% | | | 50% |
| 1921 | 50% | | 41% | 16% | | 18% | 68% |
| 1922 | 52% | 51% | 40% | 12% | | 27% | 43% |
| 1923 | 54% | 50% | 29% | 13% | | 32% | 42% |
| 1924 | 51% | 47% | 33% | 13% | | 14% | 38% |
| 1925 | 51% | 51% | 37% | 10% | | 2% | 35% |
| 1926 | 54% | 37% | 42% | 13% | | 0% | 39% |
| 1927 | 39% | 52% | 43% | 17% | | 0% | 37% |
| 1928 | 31% | 54% | 21% | 10% | | 0% | 37% |
| 1929 | 38% | 46% | 23% | 18% | | 29% | 42% |
| 1930 | 43% | | 24% | 17% | | 26% | 36% |
| 1931 | 49% | | 24% | 16% | | 24% | 39% |
| 1932 | 30% | | 20% | 18% | 20% | 24% | 32% |
| 1933 | 43% | | | | 20% | 22% | 33% |
| 1934 | 19% | | | | 19% | 22% | 30% |
| 1935 | 11% | | | | 26% | 9% | 29% |
| 1936 | 12% | | | | 24% | 14% | 28% |
| 1937 | 14% | | | | 24% | 14% | 25% |
| 1938 | 14% | | | | 28% | 14% | |
| 1939 | 13% | | | | 29% | 14% | |
| 1940 | 13% | | | | 30% | 15% | |
| 1941 | 14% | | | | | | |
| 1942 | 13% | | | | | | |
| 1943 | 15% | | | | | | |
| 1944 | 20% | | | | | | |
| 平均 | 31% | 49% | 33% | 15% | 24% | 16% | 39% |

說明：營業利益率＝營業利益/營業收入*100%。

資料來源：根據各公司歷年《營業報告書》計算。

## 表 64　臺灣各電力公「淨利成長率」

| 公司<br>年度 | 臺電 | 臺灣電興 | 新竹電燈 | 嘉義電燈 | 臺灣電燈 | 臺灣合同 | 花蓮港電 |
|---|---|---|---|---|---|---|---|
| 1917 | | | 59% | | | | |
| 1918 | | | 23% | | | | |
| 1919 | | | 16% | | | | |
| 1920 | | | 147% | -27% | | | |
| 1921 | | | 5% | 67% | | | 105% |
| 1922 | 24% | 1031% | 2% | -19% | | 80% | 116% |
| 1923 | 9% | -10% | -28% | 11% | | 23% | -36% |
| 1924 | -8% | 16% | 19% | 5% | | -53% | -1% |
| 1925 | 4% | 13% | 15% | -22% | | -87% | -5% |
| 1926 | 17% | 14% | 35% | 42% | | -80% | -6% |
| 1927 | -22% | 2% | 8% | 28% | | -39% | 18% |
| 1928 | -14% | 18% | -45% | -24% | | -21% | 5% |
| 1929 | 35% | -28% | 9% | 97% | | 21666% | 3% |
| 1930 | 18% | | 0% | -1% | | -7% | 21% |
| 1931 | 13% | | 0% | -2% | | -18% | -16% |
| 1932 | -35% | | -10% | -17% | | 0% | 17% |
| 1933 | 60% | | | | 7% | 4% | -9% |
| 1934 | -9% | | | | 2% | 0% | 0% |
| 1935 | -41% | | | | 50% | -54% | 3% |
| 1936 | 24% | | | | 5% | 74% | 7% |
| 1937 | 26% | | | | 20% | 8% | 7% |
| 1938 | 16% | | | | 22% | 12% | -3% |
| 1939 | 1% | | | | 4% | 8% | |
| 1940 | 16% | | | | 14% | 13% | |
| 1941 | 27% | | | | | | |
| 1942 | 1% | | | | | | |
| 1943 | 34% | | | | | | |
| 1944 | | | | | | | |
| 平均 | 9% | 132% | 16% | 11% | 16% | 1133% | 13% |

說明：淨利成長率=1923 年淨利-1922 年淨利/1922 年淨利*100%（以 1922～23 年爲例）。

資料來源：根據各公司歷年《營業報告書》計算。

表65　臺灣各電力公司「總資產成長率」

| 公司 年度 | 臺電 | 臺灣電興 | 新竹電燈 | 嘉義電燈 | 臺灣電燈 | 臺灣合同 | 花蓮港電 |
|---|---|---|---|---|---|---|---|
| 1920 | | | 79% | 23% | | | |
| 1921 | | | 3% | 8% | | | 21% |
| 1922 | 1% | 13% | 18% | 0% | | 2% | 8% |
| 1923 | 13% | -1% | 0% | 1% | | 3% | 1% |
| 1924 | 4% | -4% | -3% | 0% | | 2% | 1% |
| 1925 | 1% | -2% | -2% | 0% | | 0% | 1% |
| 1926 | 2% | -2% | 4% | 3% | | -7% | 1% |
| 1927 | -2% | -4% | 0% | -1% | | 0% | 3% |
| 1928 | -1% | -3% | 0% | 17% | | -49% | 1% |
| 1929 | 11% | 0% | 0% | -4% | | 1% | 3% |
| 1930 | 1% | | 2% | 11% | | 0% | 1% |
| 1931 | 74% | | 2% | 0% | | 0% | 2% |
| 1932 | 6% | | 0% | 1% | | 1% | 3% |
| 1933 | 0% | | | | 2% | 1% | 1% |
| 1934 | 3% | | | | 1% | 0% | 3% |
| 1935 | 11% | | | | -3% | 0% | 6% |
| 1936 | 2% | | | | 45% | 1% | -4% |
| 1937 | 3% | | | | 5% | 0% | 23% |
| 1938 | 0% | | | | 2% | 1% | 21% |
| 1939 | 23% | | | | 7% | 0% | |
| 1940 | 16% | | | | 7% | 0% | |
| 1941 | 0% | | | | | | |
| 1942 | 12% | | | | | | |
| 1943 | 41% | | | | | | |
| 1944 | 28% | | | | | | |
| 平均 | 11% | 0% | 8% | 5% | 8% | -2% | 5% |

說明：總資產成長率=1923年資產總額-1922年資產總額/1922年資產總額*100%（以1922
　　　～23年為例）。

資料來源：根據各公司歷年《營業報告書》計算。

## 表 66　臺灣各電力公司「總資產週轉率」

| 公司<br>年度 | 臺電 | 臺灣電興 | 新竹電燈 | 嘉義電燈 | 臺灣電燈 | 臺灣合同 | 花蓮港電 |
|---|---|---|---|---|---|---|---|
| 1919 | | | 20% | 18% | | | 4% |
| 1920 | | | 28% | 15% | | | 8% |
| 1921 | 10% | 5% | 29% | 20% | | 4% | 12% |
| 1922 | 11% | 4% | 25% | 22% | | 5% | 12% |
| 1923 | 11% | 8% | 25% | 22% | | 5% | 12% |
| 1924 | 10% | 10% | 27% | 23% | | 5% | 12% |
| 1925 | 10% | 11% | 28% | 24% | | 6% | 13% |
| 1926 | 11% | 11% | 33% | 24% | | 5% | 13% |
| 1927 | 12% | 13% | 35% | 25% | | 6% | 14% |
| 1928 | 13% | 15% | 38% | 26% | | 12% | 14% |
| 1929 | 13% | 13% | 39% | 31% | | 14% | 15% |
| 1930 | 14% | | 36% | 29% | | 15% | 15% |
| 1931 | 8% | | 35% | 30% | | 13% | 15% |
| 1932 | 8% | | 39% | 22% | 34% | 13% | 16% |
| 1933 | 9% | | | | 36% | 14% | 16% |
| 1934 | | | | | 39% | 14% | 17% |
| 1935 | | | | | 44% | 16% | 19% |
| 1936 | | | | | 34% | 18% | 17% |
| 1937 | | | | | 39% | 19% | 15% |
| 1938 | | | | | 40% | 22% | |
| 1939 | | | | | 37% | 24% | |
| 1940 | | | | | 39% | 24% | |
| 1941 | | | | | | | |
| 1942 | | | | | | | |
| 1943 | | | | | | | |
| 1944 | | | | | | | |
| 平均 | 11% | 10% | 31% | 24% | 38% | 13% | 14% |

說明：總資產週轉率＝營業收入/總資產*100%。

資料來源：根據各公司歷年《營業報告書》計算。

## 參、工業用電分析

日治時代的產業政策，是要將「農業臺灣」轉變爲「工業臺灣」，臺電的政策使命就是提供轉換的能源，因此從各部門的用電量即可看出臺灣工業化的實況，究竟工業用電都用在那些部門，又帶動了什麼樣的產業升級。

首先，比較歐美與臺灣電力發展模式的差異，可歸納下列幾點：

（1）歐美的工業用電增加是漸進式的，受市場影響較大；臺灣則在 1930 年代末期快速增加，受政策影響較大。

（2）歐美的「家庭電氣化」始終佔總用電量的 20～30% 之間，百分比雖不變，但用電量隨著總用電量同步增加；臺灣的「家庭電氣化」處於低度發展，甚至戰爭末期受限電影響，不進反退。

（3）歐美市場以電燈及家庭電氣化爲「主要市場」（Mass Market），鎖定中產階級與女性市場；臺灣則以軍需工業爲主要市場，鎖定製鋁工業等大企業的引進。

（4）歐美電力應用商品繁多，普及率高；臺灣電力應用貧乏，商品除電燈外，幾乎沒有進展（雖然電扇數量不少，但佔營收比例不高）。

（5）歐美受第二次世界戰爭影響較小，民生與國防工業還能保持同步進展；臺灣則在 1930 年代末期，民生部門用電受大幅限制，顯示市場動能不足的缺點。

臺電歷期《營業報告書》中記載各產業部門契約用電量，但因各年度營業重心不同，科目名稱歷經三次整併，可分爲三期：

第一期（1919～1929 年）：將用電契約量依產業性質不同，分爲 20 項，本文統計取 8 項（水道、精米、製材、灌溉幫浦、鐵工廠、礦業、製冰、製糖等 8 項），並與整體契約用電量比較，以瞭解選項的重要及差異性。

1919～1933 年間，工業用電佔全部用電的比率從 1919 年的 37% 逐年升高到 1933 年的 51%，顯示工業化程度日漸增加。再就契約用電量百分比來看，工業用電的應用範圍十分廣泛，但能超過 10% 以上者，只有三個部門。

第一個是製糖部門，平均值 13%，但製糖部門自行使用發電設備更多於臺電提供的電量，整個糖業部門「全製程」用電力的比例在 1930 年代才出現，故糖業部門用電比率雖高，實際影響卻很有限。

第二個是精米部門，平均佔 13%，這部份可說是臺灣最固定、變化率最小的工業部門，呈現穩定的成長。

　　第三個是自來水部門（包含自來水、灌溉），平均佔 11%，是工業用電中，最具「公共性」的部門。至於後期新興的礦業部門，在 1933 年以前平均值爲 6%，還不是很突出。臺灣的盛夏，民生及漁業冰塊需求量大，但製冰用電量平均值爲 3%。要之，第一期用電集中於糖、米、自來水系統，直接與民生相關的部門並未有顯著的電氣化傾向。

　　再就用電成長率而言，最快且最穩定的是精米部門，除 1919 年成長率低於 10%以外，每年成長率都保持在 10%以上，1919～1933 年間平均成長率爲 13%。其次爲糖業部門，1925～1929 年爲成長高峰，顯示在臺電聘請德國家專抵臺宣導後，糖業部門向臺電申請用電的比例增加很多，平均成長率爲 13%。接著爲自來水系統用電，平均成長率 11%。以金瓜石礦業爲中心的礦業部門，1930 年起成長率首次超過 10%，顯示在 1930 年代逐漸興起的趨勢，平均成長率 6%。

　　第二期（1930～1933 年）：此期統計部門從二十項細分爲二十五項，本文選取的八個部門皆得以銜接統計。

　　第三期：（1934～1938 年）：1934 年起契約電量單位從「hp」改爲「kw」，因此本文將個別比較，避免換算上的誤差。再者，該年起已無電動機數量統計，各部門科目整併幅度較前二期大，統整爲十三項（本文選取前十項統計），勉強合併有失眞之虞，故分期比較，仍能看出用電趨勢。

　　第三期以日月潭計劃竣工開始，加強軍需工業產能，特別是製鋁工業用電量從 1935 年的 2,504kw，到 1936 年的 14,840kw，1937 年的 42,614kw，連續三年「飛躍性」成長，連帶「金屬工業」部門用電量成長率從 1935 年的 1%暴增爲隔年的 493%，第三年還有 187%的驚人成長。臺電所有工業用電中，1935 年有 5%電量用於製鋁工業，1936 年 19%，1937 年 37%，正因爲製鋁工業的快速成長，對整體資源反而產生排擠現象，例如同樣列入重點扶持的化學工業，1937 年用電量就衰退 23%，「礦業」與「食料品工業」用電成長率也受製鋁工業排擠而降低，由此看出臺灣電力資源已無法支撐軍需生產的架構，這也是臺電加速推動大甲溪計劃的背景。

　　首先，本文「表 70」統計的 1919～1933 年間，選取的八項部門總契約用電量佔全部契約用電量的 37～88%（平均 58%）。其中 1925～1929 年間，比重升高到 80%以上（平均 84%），但 1930 年供應製糖部門契約電量從 10,514kw 遽降到 1,552kw，使八項部門總和比率降到 55%（1930～1933 年間，平均更

低到 51%），顯示 1930 年代以後，大部份糖廠不再向臺電購電，轉而自備機組發電的趨勢。對臺電來講，是大客戶的流失，但因臺電價格缺乏競爭力，糖廠卻能利用蔗渣回收利用，因此臺電面對客戶流失，亦是無可奈何。臺電雖然供應全臺大部份市場用電，但臺電統計數字不能充分反映臺灣工業化程度，因為糖廠有自行發電設備尚無法被臺電取代。製糖部門在 1925～1929 年間成為臺電用電大戶，糖業雖是臺灣重點產業，但製程採用之電力大部份由糖廠自行發電，並無向臺電購電，臺電對糖業部門之支配時間，有如曇花一現。

「表 71」顯示各部門佔總用電量百分比，並依 1919～1933 年平均值排序。排名第一的是「精米」與「製糖」部門，各佔 13%，不同者為精米業電動機平均容量小、臺數、戶數多，用戶遍及各城市。另外所有部門契約用電成長率中，唯有精米部門用電年年保持正成長，1920～1933 年間，平均成長率 15%。

1934～1938 年間，平均佔 25%工業用電量的礦業部門，主要集中於北臺灣金瓜石礦區的開採，根據臺陽礦業的井上良一表示，金瓜石礦區挖掘，多使用機械鑿岩機、空氣壓縮機等電力設備增進作業效率，用電量在 4,000hp 以上。〔註5〕

製鋁工業早在 1930 年就被提起，臺電也開始準備，但從用電量來看，要到 1937 年才將產能開出，準備期間太久，主要是因為臺灣缺乏生產製鋁工業的區位條件，相較之下不如在日本生產來的方便（日本有整個製鋁工業的垂直整合架構，臺灣則只有上游的產出，缺乏精製及組裝的中、下游生產線），雖然臺電提供「最低電價」向日本招商，但資本家還是躊躇許久。1937 年中日戰爭的爆發，則是製鋁工業進駐臺灣的催化劑，國家軍需生產超越了廠商利潤考量，因為考慮海運可能被封鎖，臺灣必須自力生產軍需物資，日本資本家才姍姍來遲。

1931 年日月潭計劃復工到 1937 年製鋁工業成為工業重心，一切都不是臺電能預料的，而是伴隨局勢發展隨時修正，電力政策的規劃與結果，實無想像中的密切，反而因為集中電力資源在製鋁工業上，失去了整體工業電力化的進程，1930 年代後期的臺灣，電力政策呈現失焦、失衡、扭曲的特徵。

---

〔註5〕 《臺灣電氣協會會報》第 8 號，昭和 11 年 12 月（1936 年 12 月），井上良一，〈金瓜石礦山電氣設備概要〉，頁 25。

## 肆、「進步觀」的迷思

　　1933 年，美國總發電量 1,030 億度，英國 200 億度，德國 250 億度，日本 170 億度，法國 140 億度，瑞士 49 億度，日本在國際上，僅高於於法國與瑞士。臺灣總發電量 2.3 億度，美國是臺灣的 447 倍，日本是臺灣的 73 倍。〔註6〕再配合土地面積、人口、產業特性而言，更顯示臺灣電氣化深度與廣度的貧乏。

　　1933 年，日本市場有電燈 3,838 萬盞，臺灣有 65 萬盞，日本土地面積是臺灣的 10 倍，但電燈數量卻是臺灣的 59 倍。〔註7〕

　　日本「五大電力」在 1930 年代經常不發股利，臺電則無論景氣好壞，均能維持 6%股利，雖然不符股東要求，但也比日本不景氣年代要好，但也降低了財務調度的能力。〔註8〕

　　日本與臺灣大多數家庭都是農業人口，但日本農村電氣化程度比臺灣高，部份原因是日本政府與民間企業挹注了很多資源，1930 年代，日本政府每年編列幾十萬圓扶持農村地區電氣化，三井、三菱更一次捐贈 400 萬圓幫助農村電氣化的推廣，此點是臺灣農村市場所缺乏的。〔註9〕

　　臺灣與世界各國電力資源的比較如「表 67」，全世界電力普及率最高的是瑞士，這個與臺灣人口數、面積、水資源最接近的國家，普及率竟高達 99%，每人平均每年享有電力 1,170 度，普及率是臺灣的 3 倍，每人平均電力度數是臺灣的 11 倍，日本的 4.3 倍。美國的普及率是臺灣的 2 倍，每人平均電力度數是臺灣的 8.4 倍。英國、法國、德國的每人平均電力度數，也都在臺灣的 3.4～3.8 倍之間。殖民母國的日本，人口是臺灣的 12.5 倍，但每人平均每年電力資源有 267 度，是臺灣的 2.8 倍，其實臺灣的水力發電資源並不缺乏，但民眾享有的平均數據卻遠不如世界各國。

　　1936 年，美國總發電量創新高，達 1,058 億度，較去年增加 120 億度，

〔註6〕《臺灣電氣協會會報》第 8 號，昭和 11 年 12 月（1936 年 12 月），〈最近一ケ年に於ける本邦電氣事業界の展望〉，頁 51。

〔註7〕《臺灣電氣協會會報》第 8 號，昭和 10 年 12 月（1935 年 12 月），〈最近一ケ年に於ける本邦電氣事業界の展望〉，頁 51。

〔註8〕《臺灣電氣協會會報》第 8 號，昭和 10 年 12 月（1935 年 12 月），〈最近一ケ年に於ける本邦電氣事業界の展望〉，頁 54。

〔註9〕《臺灣電氣協會會報》第 8 號，昭和 10 年 12 月（1935 年 12 月），〈最近一ケ年に於ける本邦電氣事業界の展望〉，頁 58。

其中增加的三分之二用於工業，該年美國的發電總量是臺灣的 400～500 倍。
〔註 10〕德國 350 億度，日本 250 億度，法國 159 億度，俄國 260 億度，英國
206 億度，這些國家的發電量都高過臺灣 100～300 倍，遠高於土地面積與人
口總數的比例。瑞士國土面積約日本的八分之一，但發電量卻有 57 億度，爲
日本的四分之一（23%），這顯示一國發電量與工業區位及市場互動有關，與
該國土地面積及總人口沒有絕對相關。〔註 11〕

### 表 67 世界各國電力資源分布

| 國家（地區） | 家庭電氣普及率 | 人　口 | 每人平均度數 |
|---|---|---|---|
| 臺灣 | 34% | 520 萬 | 94 度 |
| 瑞士 | 99% | 409 萬 | 1170 度 |
| 日本 | 91% | 6.5 千萬 | 267 度 |
| 瑞典 | 85% | 616 萬 | 805 度 |
| 德國 | 81% | 6.4 千萬 | 362 度 |
| 美國（北美） | 70% | 1.2 億 | 795 度 |
| 英國 | 44% | 4.6 千萬 | 379 度 |
| 法國 | | 4.1 千萬 | 324 度 |

說明：1936 年數據，該年臺灣總發電量爲 4.9 億度。

資料來源：《臺灣電氣協會會報》第九號，昭和 11 年 5 月（1936 年 5 月），佐佐木英一（遞
信部電氣課長），〈歐米電氣事業管見〉，頁 16。

日本電力部門的成功，是因爲善用美國資本與管理，並以中國東北爲產
品輸出地才有的結果。〔註 12〕臺灣則只有市場，生產與產銷系統並不完整。

1925～1936 年間，日本都市平均每戶燈數從 2.8 盞增加到 3.6 盞，都市地
區從 4.2 盞增加到 5.3 盞，農村地區從 2.3 盞增加到 2.6 盞。〔註 13〕從經濟景
氣而言，1932～1933 年間，農村資源略有降低，且比都市要明顯，顯示臺、

---

〔註 10〕《臺灣電氣協會會報》第 12 號，昭和 12 年 11 月（1937 年 11 月），T‧N 生，
〈アメリカの發電量と需要家數〉，頁 62。
〔註 11〕《臺灣電氣協會會報》第 11 號，昭和 12 年 5 月（1937 年 5 月），〈世界主要
國發電量〉，頁 83。
〔註 12〕《臺灣電氣協會會報》第 10 號，昭和 11 年 12 月（1936 年 12 月），〈日本電
氣工業の紹介竝に批判〉，頁 57。
〔註 13〕《臺灣電氣協會會報》第 14 號，昭和 13 年 12 月（1938 年 12 月），〈我國內
地に於ける都市と農村との電燈需要比較〉，頁 93～94。

日兩地的用戶都受經濟波動影響電力成本的支出。臺灣在同時期內，平均燈數都是 3 盞，幾無增加趨勢；日籍用戶燈數約 5.4 盞，與日本大都市數句相同，臺籍用戶 2.2 盞，比日本農村地區還要低一些。〔註 14〕臺灣的電燈資源分佈，介於日本都市與農村之間，僅略高於農村水準。

臺電共有四次調降，連同臺電前身的作業所在內，共有五次調降。對照美國從 1882～1935 年，共有七次大規模調降，每度電費從 0.25 美元降到 0.05 美元，降幅達 80%。而美國 2,100 萬用戶中，每戶每年平均用電量 673 度。〔註 15〕

歐美電力發展初期只限於都市化較高的地區，漸次擴展到中產階級，比較臺灣與英國的差異，就能看出臺灣進步觀的迷思，其實臺灣電力發展只停留在一個初級的狀態。

（1）英國豐富煤與瓦斯爲主要能源的情況下，電力擴張的難度比臺灣還高，臺灣電力部門受政策種種優遇，其它能源幾乎無法與之競爭。

（2）英國電力系統規模繁多，不似臺灣全部使用單一系統來的方便，但英國電力發展卻比臺灣成熟。

## 圖 60　臺灣電力市場結構圖

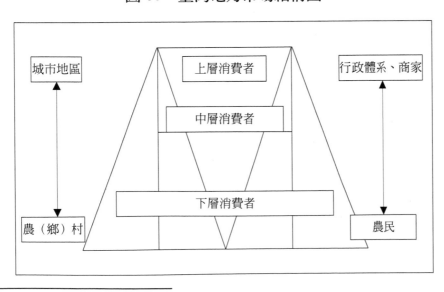

〔註 14〕吳政憲，《繁星點點：近代臺灣電燈發展（1895～1945）》（臺北：國立臺灣師範大學歷史研究所印行，1999 年 10 月），頁 679。

〔註 15〕《臺灣電氣協會會報》第 11 號，昭和 12 年 5 月（1937 年 5 月），中村太郎，〈家氣料金の研究〉，頁 51、56。

（3）英國電力公司積極利用女性在家庭的地位與女性業務員，鎖定家庭婦女爲遊說對象，成功突破各電力公司的「地盤」，讓整體市場成長率不斷升高，臺電雖然在 1930 年代首次招考女性員工，但利用女性及對女性市場的關注不夠，也未認清女性在電氣化中扮演的關鍵角色。

（4）英國有推廣電力的民間組織：「英國電氣發展協會」（Electrical Development Association，簡稱 EDA），該會於 1919 年設立，比臺灣電氣協會早 10 年以上，而臺灣電氣協會基本上是電力公司各派代表與官方代表共同組成，缺乏市場的敏感度。

（5）歐美與日本行銷多結合上游生產廠商一同爲之，既可節省廣告成本，又能擴大市場乘數效果；臺灣則僅靠下游電力供給業者行銷，加上生產廠商皆不在臺灣，供應價格無法壓低。

（6）英國 EDA 加強與地方分會的聯結，在女性刊物、廣播、影片上，都不著痕跡地灌輸市場對電力這項新能源的接受度，廣告特別強調使用電力的「成本優勢」與「可操控性」，並試圖灌輸一種消費意識型態：如果女性能利用電力完成家事，那麼女性就能走出家庭，進一步思考女性在家中的主體性，「用一種新的心態面對家事」，在社會領域上扮演更廣泛的角色。〔註 16〕比較臺灣與英國的電力發展，發現臺電對市場觀察力不夠，行銷也不夠全面，無從創造商品附加價值，進一步引導市場需求，創造社會的新價值。

臺灣電力市場的結構並未完成像日本市場那樣的轉換，整個日治時期，只完成了近一半的市場擴充，這個概念可用「圖 60」的結構圖來解釋。

從結構圖來看，臺灣市場結構依消費能力高低分爲三層，每層都是潛在客戶，而整個市場結構以「C 線」形成的梯形範圍爲界，當 1905 年作業所開始供應電燈時，即形成以「A 線」行成的倒三角形區域。

「A 線」行成的倒三角形，也是 1919 年臺電最初實際的用戶結構，最上層消費者因消費能力強且泰半居住城市地區，有能力也有機會使用到電力資源，故大多數上層消費者都已成爲臺電的用戶。

其次就中層消費者而言，消費能力與居住地居需搭配考量，分爲有消費能力但地區較遠，及地區較近但無消費能力兩種，比例與地區因時因地而異，故中層消費者部份成爲臺電的用戶，條件取決於消費力與居住地區的總和。

---

〔註 16〕 Colin Chant,ed.*Science,Technology and Everyday Life 1870-1950*（New York.：The Open University,1990）,pp.95-99.

　　下層消費者方面，因居住地區一般遠離都會地區，本身較難接近臺電規劃的輸電網內，又因消費能力無法將電燈列入日常生活的必需開銷中，但又想享有電燈資源，故能得到的用戶又常因景氣循環或農村商品價格變動，成為影響其使用與否的關鍵，臺電這部份用戶，反而居少數。

　　「A」線形成的倒三角形可以說是臺電最初的用戶結構，但隨著經年累月的推廣，倒三角形下方「A」線逐漸擴大為「B線」。需要說明的是，「B線」是隨著用戶擴展而逐年變動，故圖中以虛線表示其不斷變動狀態。當面臨不景氣衝擊時，最先停用電燈的是下層消費者，此時「B線」形成範圍的下方，會往「A線」收縮，但常年以來的趨勢，是「B線」形成的範圍下方逐年往外擴，往最理想的「C線」重疊，當「B線」與「C線」重疊時，代表臺灣電燈普及率達到100%。

　　「B線」外擴幅度大小，取決於供應廠商對市場的拓展程度，這也是用來檢證日治時期電力資源分佈時，進一步觀察的指標，才不會只看到總督府或臺電單方面的宣傳的「C線」假象。

## 小　結

　　臺灣電力發展到1930年代，已面臨質與量無法同步提升的困境，此點從宜蘭地期長期的低成長，中臺灣的「以質換量」等等，都顯示臺電掌握資源已不敷分配，必須犧牲部份地區用電以滿足主要地區的需求，或者將產能擴充，犧牲服務品質以提高營收的邊際效益。

　　本文為檢證臺電是否有「規模經濟」的成本優勢，特別以「資產報酬率」、「營業利益率」、「淨利成長率」、「總資產成長率」、「總資產週轉率」五項指標觀察臺灣各民營電力公司營運表現，並製成「表68」。

　　五項指標中，臺電幾乎都是敬陪末座，顯示總督府電力政策強調的規模經濟在1920年代後就漸漸鈍化，但政策歷經幾次關鍵轉折點卻始終不變，愈來愈僵化，到了1940年代，臺灣總督府亦無法維持臺灣市場的封閉性，漸被整合為日本市場的一部份。根據數據顯示，100萬圓的資本額，就能創造出不錯的營運效果，臺灣總督府則堅信規模經濟迷思，臺灣市場反因為獨佔，抹煞了各地區自發性的電力文化。

　　臺電享有最大的資本額，但營業利益率卻不如其它民營電力公司，顯示對於規模經濟優勢的迷思，值得重新定位：「什麼才是消費者最需要的。」是

一家超大型電力公司，還是親切的服務，還是低廉的價格。

其次，就工業用電部門分析，臺灣僅在精米、糖業、灌溉、自來水系統上稍有表現，其中糖業部門在 1920 年代後期，漸漸獨立，不再向臺電申請用電，顯示臺電的規模經濟優勢，不再受糖業部門的重視。1930 年代後期，雖然北臺灣礦業與南臺灣的製鋁工業，同時成為臺灣新工業代表，但基本上這是由上而下的政策配合，與臺灣自身工業化需求，並無直接關係。反因電力部門配合政策，排擠了民生部門由下而上的需求，電力政策呈現失焦、失衡、扭曲的特徵。

表 68 臺灣各電力公司營運數據平均值

| 公司<br>項目 | 臺電 | 臺灣電興 | 新竹電燈 | 嘉義電燈 | 臺灣電燈 | 臺灣合同 | 花蓮港電 |
|---|---|---|---|---|---|---|---|
| 資產報酬率 | 3.8% | 5% | 10% | 3.6% | 9% | 2% | 5% |
| 營業利益率 | 31% | 49% | 33% | 15% | 24% | 16% | 39% |
| 淨利成長率 | 9% | 132% | 16% | 11% | 16% | 1133% | 13% |
| 總資產成長率 | 11% | 0% | 8% | 5% | 8% | -2% | 5% |
| 總資產週轉率 | 11% | 10% | 31% | 24% | 38% | 13% | 14% |

說明：數據為 1921～1944 年平均值。

資料來源：根據各公司歷年《營業報告書》計算。

表 69 臺電供應各部門契約用電量成長率（1919～1933 年）

| 項目<br>年度 | （1）<br>揚水<br>水道 | （2）<br>精米 | （3）<br>製材 | （4）<br>灌溉<br>幫浦 | （5）<br>鐵工<br>場用 | （6）<br>礦石<br>精鍊 | （7）<br>製冰<br>用 | （8）<br>製糖 | （9）<br>小計 A |
|---|---|---|---|---|---|---|---|---|---|
| 1919 | | | | | | | | | |
| 1920 | 0% | 19% | 66% | 3% | 6% | 0% | -11% | 75% | 14% |
| 1921 | 5% | 32% | 30% | -12% | | 0% | | | -6% |
| 1922 | 78% | 27% | 33% | 6% | | 4% | | | 38% |
| 1923 | 15% | 9% | -3% | 1% | | 62% | | | 23% |
| 1924 | -2% | 11% | 17% | 4% | | | | | -6% |
| 1925 | -1% | 12% | 9% | -9% | 8% | | | | 97% |
| 1926 | -2% | 13% | -8% | 7% | 10% | -28% | 79% | 35% | 18% |

| 1927 | 5% | 14% | 2% | -4% | 5% | 336% | -20% | 16% | 17% |
|------|-----|-----|-----|------|------|------|------|-----|-----|
| 1928 | -8% | 12% | 9% | 6% | 34% | 1% | 9% | 4% | 5% |
| 1929 | -9% | 12% | 54% | 64% | 15% | 11% | 14% | 36% | 24% |
| 1930 | 18% | 9% | -2% | 1% | 103% | 67% | 14% | -85% | -26% |
| 1931 | -8% | 9% | -3% | -16% | 41% | 6% | 38% | -10% | 8% |
| 1932 | 15% | 19% | 4% | 36% | 7% | 23% | 2% | 15% | 15% |
| 1933 | 7% | 11% | 16% | 70% | -12% | 61% | 6% | 3% | 18% |
| 平均 | 8% | 15% | 16% | 11% | 22% | 45% | 15% | 10% | 17% |

單位：百分比（%）。

資料來源：根據各公司歷年《營業報告書》計算。

## 表 70　臺電供應各部門契約用電量（1919～1933 年）

| 項目<br>年度 | （1）<br>揚水<br>水道 | （2）<br>精米 | （3）<br>製材 | （4）<br>灌溉<br>幫浦 | （5）<br>鐵工<br>場用 | （6）<br>礦石<br>精鍊 | （7）<br>製冰<br>用 | （8）<br>製糖 | （9）<br>小計<br>A | （10）<br>總計<br>B | A/B |
|------|------|------|------|------|------|------|------|------|------|------|------|
| 1919 | 1090 | 883 | 305 | 479 | 188 | 420 | 178 | 215 | 3758 | 10026 | 37% |
| 1920 | 1091 | 1050 | 507 | 494 | 200 | 420 | 158 | 377 | 4297 | 10912 | 39% |
| 1921 | 1143 | 1385 | 657 | 435 | | 420 | | | 4040 | 11082 | 36% |
| 1922 | 2038 | 1759 | 874 | 460 | | 435 | | | 5566 | 13009 | 43% |
| 1923 | 2350 | 1921 | 846 | 466 | 532 | 705 | | | 6820 | 14898 | 46% |
| 1924 | 2310 | 2134 | 987 | 485 | 526 | | | | 6442 | 15134 | 43% |
| 1925 | 2295 | 2383 | 1075 | 440 | 566 | 506 | 651 | 4750 | 12666 | 15706 | 81% |
| 1926 | 2251 | 2681 | 991 | 470 | 623 | 365 | 1164 | 6425 | 14970 | 18332 | 82% |
| 1927 | 2353 | 3050 | 1010 | 453 | 653 | 1592 | 935 | 7454 | 17500 | 19803 | 88% |
| 1928 | 2156 | 3429 | 1100 | 480 | 878 | 1609 | 1020 | 7739 | 18411 | 20838 | 88% |
| 1929 | 1958 | 3848 | 1698 | 787 | 1006 | 1788 | 1165 | 10514 | 22764 | 28491 | 80% |
| 1930 | 2308 | 4197 | 1656 | 793 | 2047 | 2987 | 1331 | 1552 | 16871 | 30870 | 55% |
| 1931 | 2118 | 4591 | 1600 | 663 | 2890 | 3166 | 1834 | 1396 | 18258 | 35607 | 51% |
| 1932 | 2427 | 5480 | 1669 | 901 | 3078 | 3901 | 1875 | 1605 | 20936 | 43520 | 48% |
| 1933 | 2599 | 6096 | 1938 | 1533 | 2701 | 6293 | 1988 | 1647 | 24795 | 48941 | 51% |

資料來源：根據各公司歷年《營業報告書》計算。單位：馬力（hp）。

表 71　臺電供應各部門契約用電量佔總量百分比（1919～1933 年）

| 項目 年度 | （1）揚水 水道 | （2）精米 | （3）製材 | （4）灌溉 幫浦 | （5）鐵工 場用 | （6）礦石 精鍊 | （7）製冰 用 | （8）製糖 | （9）小計 A |
|---|---|---|---|---|---|---|---|---|---|
| 1919 | 11% | 9% | 3% | 5% | 2% | 4% | 2% | 2% | 37% |
| 1920 | 10% | 10% | 5% | 5% | 2% | 4% | 1% | 3% | 39% |
| 1921 | 10% | 12% | 6% | 4% | 0% | 4% | 0% | 0% | 36% |
| 1922 | 16% | 14% | 7% | 4% | 0% | 3% | 0% | 0% | 43% |
| 1923 | 16% | 13% | 6% | 3% | 4% | 5% | 0% | 0% | 46% |
| 1924 | 15% | 14% | 7% | 3% | 3% | 0% | 0% | 0% | 43% |
| 1925 | 15% | 15% | 7% | 3% | 4% | 3% | 4% | 30% | 81% |
| 1926 | 12% | 15% | 5% | 3% | 3% | 2% | 6% | 35% | 82% |
| 1927 | 12% | 15% | 5% | 2% | 3% | 8% | 5% | 38% | 88% |
| 1928 | 10% | 16% | 5% | 2% | 4% | 8% | 5% | 37% | 88% |
| 1929 | 7% | 14% | 6% | 3% | 4% | 6% | 4% | 37% | 80% |
| 1930 | 7% | 14% | 5% | 3% | 7% | 10% | 4% | 5% | 55% |
| 1931 | 6% | 13% | 4% | 2% | 8% | 9% | 5% | 4% | 51% |
| 1932 | 6% | 13% | 4% | 2% | 7% | 9% | 4% | 4% | 48% |
| 1933 | 5% | 12% | 4% | 3% | 6% | 13% | 4% | 3% | 51% |
| 平均 | 11% | 13% | 5% | 3% | 4% | 6% | 3% | 13% | 58% |

資料來源：根據各公司歷年《營業報告書》計算。單位：百分比（%）。

表 72　臺電供應各部門契約用電量（1934～1938 年）

| 項目 年度 | （1）金屬 工業 | （2）礦業 | （3）食料 品工 業 | （4）農業 及水 產業 | （5）化學 工業 | （6）窯業 | （7）機械 器具 工業 | （8）製材 及製 品工 業 | （9）紡織 工業 | （10）印刷 及製 本 | 計 |
|---|---|---|---|---|---|---|---|---|---|---|---|
| 1934 | 2479 | 10283 | 7376 | 3505 | 2648 | 1497 | 469 | 1657 | 401 | 161 | 38691 |
| 1935 | 2504 | 14612 | 8160 | 5194 | 4108 | 1676 | 856 | 1791 | 809 | 140 | 50699 |
| 1936 | 14840 | 21082 | 10496 | 5922 | 6951 | 1965 | 951 | 1806 | 825 | 177 | 79176 |
| 1937 | 42614 | 23760 | 12325 | 6791 | 5340 | 2268 | 1080 | 2269 | 841 | 226 | 116697 |
| 1938 | 42375 | 27874 | 12956 | 7846 | 5945 | 2816 | 2423 | 2422 | 834 | 225 | 127076 |

資料來源：根據各公司歷年《營業報告書》計算。單位：kw。

表 73 臺電供應各部門契約用電量佔總量百分比（1934～1938 年）

| 項目<br>年度 | (1)<br>金屬<br>工業 | (2)<br>礦業 | (3)<br>食料品<br>工業 | (4)<br>農業及<br>水產業 | (5)<br>化學<br>工業 | (6)<br>窯業 | (7)<br>機械<br>器具<br>工業 | (8)<br>製材及<br>製品工<br>業 | (9)<br>紡織<br>工業 | (10)<br>印刷及<br>製本 | 計 |
|---|---|---|---|---|---|---|---|---|---|---|---|
| 1934 | 6% | 27% | 19% | 9% | 7% | 4% | 1% | 4% | 1% | 0% | 79% |
| 1935 | 5% | 29% | 16% | 10% | 8% | 3% | 2% | 4% | 2% | 0% | 79% |
| 1936 | 19% | 27% | 13% | 7% | 9% | 2% | 1% | 2% | 1% | 0% | 82% |
| 1937 | 37% | 20% | 11% | 6% | 5% | 2% | 1% | 2% | 1% | 0% | 84% |
| 1938 | 33% | 22% | 10% | 6% | 5% | 2% | 2% | 2% | 1% | 0% | 83% |
| 平均 | 20% | 25% | 14% | 8% | 7% | 3% | 1% | 3% | 1% | 0% | 81% |

資料來源：根據各公司歷年《營業報告書》計算。單位：%。

表 74 臺電供應各部門契約用電量成長率（1934～1938 年）

| 項目<br>年度 | (1)<br>金屬<br>工業 | (2)<br>礦業 | (3)<br>食料品<br>工業 | (4)<br>農業<br>及水<br>產業 | (5)<br>化學<br>工業 | (6)<br>窯業 | (7)<br>機械<br>器具<br>工業 | (8)<br>製材及<br>製品工<br>業 | (9)<br>紡織<br>工業 | (10)<br>印刷及<br>製本 | 計 |
|---|---|---|---|---|---|---|---|---|---|---|---|
| 1934 | | | | | | | | | | | |
| 1935 | 1% | 42% | 11% | 48% | 55% | 12% | 83% | 8% | 102% | -13% | 31% |
| 1936 | 493% | 44% | 29% | 14% | 69% | 17% | 11% | 1% | 2% | 26% | 56% |
| 1937 | 187% | 13% | 17% | 15% | -23% | 15% | 14% | 26% | 2% | 28% | 47% |
| 1938 | -1% | 17% | 5% | 16% | 11% | 24% | 124% | 7% | -1% | 0% | 9% |
| 平均 | 170% | 29% | 16% | 23% | 28% | 17% | 58% | 11% | 26% | 10% | 36% |

資料來源：根據各公司歷年《營業報告書》計算。單位：%。

# 第二節　臺電電力系統的調度

　　臺電雖然獨佔臺灣西部的市場，但一直到 1934 年，全臺才透過第一次高壓輸電網連成一氣，大部份的時間，臺灣的北、中、南三個區域，其實是獨立運作的。

　　本文將先探討水力發電在臺灣電力系統中扮演的地位，及其與火力機組的互動關係，進一步指出臺灣電力系統調度的真實情況，一般而言，水力發

電具有如下特點：

（1）電力隨時可用，且裝置容量大，維修成本低，使用年限長，折舊率低，發電率高，如果水源夠豐沛，甚至可過載發電，經濟效益高。但另一方面，水力機組最怕洪水衝壞，單次毀損就可能將過去數年的盈餘都用於修理上。

（2）設於北部水力電廠，利用每年東北季風帶來豐沛降水，發電率比臺灣中部要高很多，此爲全臺其它水力電廠不及之處。但缺點是無法以儲水式水庫發電，故裝置容量無法巨型化，要在臺灣安置大容量電廠，只能在中部尋找，如濁水溪及大甲溪流域。

（3）成本優勢的升級空間：臺電在供電吃緊，又苦無經費籌建新廠的 1930 年代，將全臺部份水力電廠做擴充，平均增加 10～20%裝置容量，花費無多，最具經濟效益。

（4）臺電在 1930～1933 年間，面臨電力調度最難局面，不得已將水力機組全力運轉，連眾多備用火力機組都不計成本重新啓動，市場雖然擴大，但營業利益率卻降低。

（5）1925 年以後，每座火力電廠發電率上升，到 1933 年爲高峰，1934 年起停用，只剩下裝置容量較大的火力電廠仍繼續服役，就資源利用率而言，火力機組成本太高，使用率太低。

（6）火力發電建設費較低，工期短，但若連同煤炭成本計算，發電成本實高於水力機組甚多，且當時無環保概念，火力電廠排放的煤煙與驚人噪音，需由整個社會來承擔。

（7）臺灣一開始引進電力就是選擇水力系統爲主，火力爲輔的「水主火從」。這是因爲總督府挹注龐大資金與人材才有的基礎，但這項優勢在 1920 年以前就已鈍化，總督府卻要將這項已經鈍化的規模經濟，再擴充十倍，而不先去檢討造成組織鈍化的結構性問題。

## 壹、「裝置容量」的迷思

臺灣的電力研究中，習慣從發電機的「裝置容量」來做量化比較，但這是一種靜態的比較基準，難以反映實況。因爲整個電力系統的運作要以「最低成本」及「最高效率」原則操作，故每座電廠不一定都在運轉，有的長年處於「超載」狀態，有的長年停止運作，因此以往資料的呈現，與實際運作

多少有誤差。本文以臺電所屬各電廠每期實際發電量爲根據，應較能反映實況。

　　1920～1939 年間，臺電火力機組「裝置容量」佔總裝置容量比率平均值爲 30%，水力佔 70%，這是一般論著比較的基準，實際上，這種比較低估了水力機組的高效率。從「圖 61」可知，水力機組「實際發電量」佔全部發電量的 92%，火力機組只有 8%，顯示臺電大多數時間，都是以水力機組供應市場，除非萬不得已，不會啓用火力機組。

　　但在 1920 年代起，因日月潭計劃中挫，影響水力機組開發進程，迫使臺電不得不選擇工期短、折舊率高、成本高的火力機組，藉以補足市場需求。也因爲資源由臺電獨佔，不容民間投資電力部門，加上 1930 年代新興工業用電不能滿足，只好由火力機組供應，1933 年火力機組比率達到歷史新高的 37%，墊高的營運成本則降低臺電獲利率，並轉嫁給市場中的廣大消費者，臺電對外宣稱因爲匯損等問題，無法降價，實則是火力機組降低了淨利，才是無法降價的主因。

## 圖 61　臺電發電量中水力、火力機組發電比重

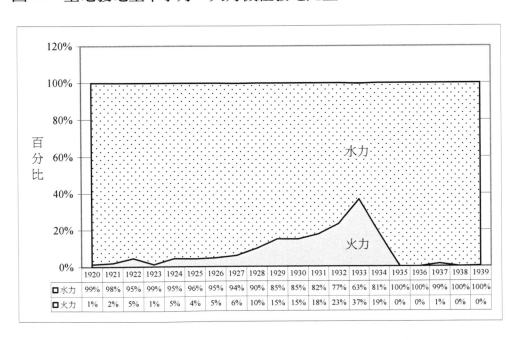

| | 1920 | 1921 | 1922 | 1923 | 1924 | 1925 | 1926 | 1927 | 1928 | 1929 | 1930 | 1931 | 1932 | 1933 | 1934 | 1935 | 1936 | 1937 | 1938 | 1939 |
|---|---|---|---|---|---|---|---|---|---|---|---|---|---|---|---|---|---|---|---|---|
| □水力 | 99% | 98% | 95% | 99% | 95% | 96% | 95% | 94% | 90% | 85% | 85% | 82% | 77% | 63% | 81% | 100% | 100% | 99% | 100% | 100% |
| □火力 | 1% | 2% | 5% | 1% | 5% | 4% | 5% | 6% | 10% | 15% | 15% | 18% | 23% | 37% | 19% | 0% | 0% | 1% | 0% | 0% |

說明：圖爲 1920～1939 年數據，單位：%。

資料來源：臺灣電力株式會社，《營業報告書》（1920～1939）大正 9 年～昭和 14 年。

　　火力機組是做爲水力機組之預備，除應付枯水期外，也補足了因日月潭計劃延宕造成的損失，總督府向來以「水力機組」爲主軸的電力政策，面臨市場需求，不得不奠高成本的原因在此。

　　其次，臺電在 1920～1930 年代營運利益率的降低，在於未充分利用資產效能，此點從臺電的發電率上最能證明（請參考「表 77」）。1920～1933 年間，臺電平均發電率爲 30%，但 1934～1939 年間，平均發電率降爲 18%。造成如此大幅衰退原因是日月潭電廠裝置容量與實際發電量落差太大，7,000 萬圓的建設卻只發揮了 4,000 萬圓的效益，加上日月潭電廠完工後，所有火力機組幾陷於停車狀態以致之，總計 1920～1939 年間，臺電平均發電率僅 26%，資產運用效率有待加強。

　　再觀察臺電水、火力機組究竟在供電系統中，扮演什麼角色。首先，將歷年水、火力機組與實際發電量製成「表 76」發現，1919～1939 年間，臺電總發電量累計爲 42.6 億度，其中由水力機組供應 39.6 億度（佔 93%），火力機組供應的只有 2.9 億度（佔 7%），臺電花費千萬圓設立火力機組，卻只佔供電量的 7%。若只計算到 1933 年，則總發電量 15.2 億度，其中水力機組供應 12.8 億度（佔 84%），火力機組供應 2.3 億度（佔 16%），因此不管計算週期訂在日月潭計劃完工之前或以後，仍不改火力機組利用率偏低的事實。其次，日月潭計劃完工後六年的發電量，已超過以往十三年累計發電量的一倍，正反映日月潭電廠的威力及 1934 年以前臺灣工業化內涵的貧乏。

表 75　臺電水力（火力）機組在「裝置容量」與「實際發電量」
　　　　比較表

| 項目 | 裝置容量部份 | | | | | 實際發電量部份 | | | | |
|---|---|---|---|---|---|---|---|---|---|---|
| 年度 | （1）火力機組（kw） | （2）水力機組（kw） | （3）總裝置容量（kw） | （1）/（3） | （2）/（3） | （4）火力機組（千度） | （5）水力機組（千度） | （6）發電量總計（千度） | （4）/（6） | （5）/（6） |
| 1920 | 2900 | 17200 | 20100 | 14% | 86% | 706 | 48922 | 49628 | 1% | 99% |
| 1921 | 5184 | 17300 | 22484 | 23% | 77% | 1283 | 62326 | 63609 | 2% | 98% |
| 1922 | 7424 | 17300 | 24724 | 30% | 70% | 3185 | 66196 | 69381 | 5% | 95% |
| 1923 | 9424 | 17300 | 26724 | 35% | 65% | 855 | 66154 | 67043 | 1% | 99% |
| 1924 | 9424 | 18950 | 28374 | 33% | 67% | 3090 | 64981 | 68071 | 5% | 95% |
| 1925 | 9424 | 20600 | 30024 | 31% | 69% | 3199 | 70850 | 74049 | 4% | 96% |
| 1926 | 9424 | 20588 | 30012 | 31% | 69% | 4174 | 81091 | 85265 | 5% | 95% |
| 1927 | 11402 | 20544 | 31946 | 36% | 64% | 5741 | 86603 | 92524 | 6% | 94% |

| 1928 | 13380 | 20500 | 33880 | 39% | 61% | 10189 | 90399 | 100588 | 10% | 90% |
|---|---|---|---|---|---|---|---|---|---|---|
| 1929 | 13380 | 30275 | 43255 | 31% | 70% | 19049 | 105436 | 124485 | 15% | 85% |
| 1930 | 23380 | 40100 | 63480 | 37% | 63% | 23176 | 129895 | 153071 | 15% | 85% |
| 1931 | 43380 | 42100 | 85480 | 51% | 49% | 30058 | 137246 | 167305 | 18% | 82% |
| 1932 | 42900 | 42100 | 85000 | 50% | 50% | 47207 | 154173 | 201381 | 23% | 77% |
| 1933 | 43400 | 44100 | 87500 | 50% | 50% | 86059 | 145676 | 232708 | 37% | 63% |
| 1934 | 44900 | 146100 | 191000 | 24% | 76% | 49436 | 214964 | 264400 | 19% | 81% |
| 1935 | 42000 | 246100 | 288100 | 15% | 85% | 18 | 340572 | 340590 | 0% | 100% |
| 1936 | 42000 | 246100 | 288100 | 15% | 85% | 57 | 491233 | 491290 | 0% | 100% |
| 1937 | 42000 | 289600 | 331600 | 13% | 87% | 8478 | 560873 | 569353 | 1% | 99% |
| 1938 | 39500 | 333100 | 372600 | 11% | 89% | 0 | 680586 | 680947 | 0% | 100% |
| 1939 | 107000 | 333100 | 440100 | 24% | 76% | 1808 | 781308 | 783118 | 0% | 100% |
| 平均 |  |  |  | 30% | 70% |  |  |  | 8% | 92% |

資料來源：臺灣電力株式會社，《營業報告書》（1920～1939）大正9年～昭和14年。

## 表76　臺電水力（火力）機組「累計發電量」比較表

| 時間 \ 部門 | （1）水力機組（千度） | （2）火力機組（千度） | （3）總發電量（千度） | （1）／（3） | （2）／（3） |
|---|---|---|---|---|---|
| 1920～1939 | 3964369 | 296511 | 4262433 | 93% | 7% |
| 1920～1933 | 1285487 | 237618 | 1524294 | 84% | 16% |

資料來源：臺灣電力株式會社，《營業報告書》（1920～1939）大正9年～昭和14年。

### 圖62　臺電各發電廠「累計發電量」

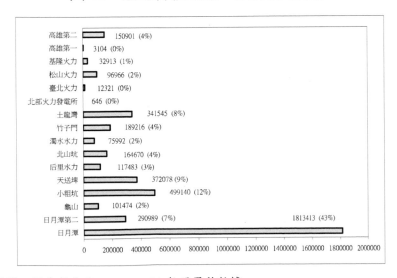

說明：圖中數字為1920～1939年間累計數據。

資料來源：臺灣電力株式會社，《營業報告書》（1920～1939）大正9年～昭和14年。單位：千度。

表 77　臺電機組「發電率」

| 年　度 | 最大發電量 | 實際發電量 | 發 電 率 |
|---|---|---|---|
| 1920 | 176076 | 49628 | 28% |
| 1921 | 196959 | 63609 | 32% |
| 1922 | 216582 | 69381 | 32% |
| 1923 | 234102 | 67043 | 29% |
| 1924 | 248556 | 68071 | 27% |
| 1925 | 263010 | 74049 | 28% |
| 1926 | 262905 | 85265 | 32% |
| 1927 | 279846 | 92524 | 33% |
| 1928 | 296788 | 100588 | 34% |
| 1929 | 378913 | 124485 | 33% |
| 1930 | 556084 | 153071 | 28% |
| 1931 | 748804 | 167305 | 22% |
| 1932 | 744600 | 201381 | 27% |
| 1933 | 766500 | 232708 | 30% |
| 1934 | 1673160 | 264400 | 16% |
| 1935 | 2523756 | 340590 | 13% |
| 1936 | 2523756 | 491290 | 19% |
| 1937 | 2904816 | 569353 | 20% |
| 1938 | 3263976 | 680947 | 21% |
| 1939 | 3855276 | 783118 | 20% |
| 平均 | | | 26% |

資料來源：臺灣電力株式會社，《營業報告書》（1920～1939）大正 9 年～昭和 14 年。

表 78　臺電各發電廠「累計發電量」

| 算式（A）1920～1939 年間（20 年） | | | | 算式（B）1920～1933 年間（14 年） | | | |
|---|---|---|---|---|---|---|---|
| 排名 | 發電廠名稱 | 發電量（千度） | 百分比 | 排名 | 發電廠名稱 | 發電量（千度） | 百分比 |
| 1 | 日月潭 | 1813413 | 43% | 1 | 小粗坑 | 368768 | 24% |
| 2 | 小粗坑 | 499140 | 12% | 2 | 土壠灣 | 273483 | 18% |
| 3 | 天送埤 | 372078 | 9% | 3 | 天送埤 | 168317 | 11% |

| | | | | | | | | |
|---|---|---|---|---|---|---|---|---|
| 4 | 土壟灣 | 341545 | 8% | 4 | 竹子門 | 146406 | 10% |
| 5 | 日月潭第二 | 290989 | 7% | 5 | 高雄第一 | 121755 | 8% |
| 6 | 竹子門 | 189216 | 4% | 6 | 北山坑 | 114171 | 7% |
| 7 | 北山坑 | 164670 | 4% | 7 | 后里水力 | 92415 | 6% |
| 8 | 高雄第二 | 150901 | 4% | 8 | 龜山 | 79366 | 5% |
| 9 | 后里水力 | 117483 | 3% | 9 | 臺北火力 | 73588 | 5% |
| 10 | 龜山 | 101474 | 2% | 10 | 濁水水力 | 43334 | 3% |
| 11 | 松山火力 | 96966 | 2% | 11 | 松山火力 | 28052 | 2% |
| 12 | 濁水水力 | 75992 | 2% | 12 | 北部火力發電所 | 11109 | 1% |
| 13 | 基隆火力 | 32913 | 1% | 13 | 基隆火力 | 3099 | 0% |
| 14 | 臺北火力 | 12321 | 0% | 14 | 埔里水力 | 861 | 0% |
| 15 | 高雄第一 | 3104 | 0% | 15 | 埔里火力 | 165 | 0% |
| 16 | 北部火力發電所 | 646 | 0% | | | | |
| | 計 | 4262851 | 100% | | 計 | 1524889 | 100% |

資料來源：同「圖62」。單位：千度。

　　「圖62」是臺電所屬電廠二十年發電量累計比較圖，從圖上來看，日月潭電廠雖在1934年才加入營運，但高達10萬kw的裝置容量，短短五年發電量就已佔了過去二十年累計發電量的43%（18.1億度），加上下游日月潭第二電廠的7%（2.9億度），兩座電廠發電累積量已佔全部的50%，果說電力與臺灣工業化有絕對關聯，濁水溪上游的這兩座電廠雖然來的太晚，但「貢獻度」不可忽視。

　　1920年，臺電火力機組與水力機組比例為14%比86%，但隨著日月潭計劃的延宕，臺電只能增建火力機組，等待日月潭的完成，因此火力機組裝置容量比重逐漸增加，1933年達到50%比0%，這顯示臺電發電成本逐年墊高，供電愈來愈吃緊，高昂的電價與系統的不穩定，不利於臺灣產業升級。

　　若將臺電各電廠發電量累計週期分為兩組算式，可製成「表78」。週期以1934年為界，觀察日月潭計劃竣工前後，臺灣累計發電量發現，日月潭計劃啟用後的七年間（1934～1940年），總發電量較過去十四年（1920～1933年）累計發電量要多出27.3億度，增加幅度為180%，這部份增加電量多用於新興的製鋁工業。

　　1934年以前，臺灣電力供應倚重1907年水力計劃建立的一系列電廠，如

土燻灣電廠佔 18%，竹仔門電廠佔 10%，后里電廠佔 6%，總計佔 34%。這三座預定於 1920 年以前就不敷使用的電廠，一直發揮影響力到 1930 年代。因此當初若無長尾半平提出的水力計劃，後來有限度的工業化也無法完成。

### 表 79　臺灣各電廠平均建設單價

| 時　間 | 電　廠 | 1kw 建設經費 | 裝置容量 | 總 經 費 |
|---|---|---|---|---|
| 1913 | 臺北火力 | 250 圓 | 1000kw | 25 萬圓 |
| 1921 | 基隆火力 | 324 圓 | 2000kw | 648410 圓 |
| 1921 | 彰化火力 | 412 圓 | 240kw | 99010 圓 |
| 1919～1934 | 日月潭第一電廠 | 680 圓 | 10 萬 kw | 6800 萬圓 |
| 1927 | 松山火力 | 250 圓 | 5000kw | 125 萬圓 |
| 1939 | 基隆八斗子火力 | 153 圓 | 3.8 萬 kw | 580 萬圓 |

資料來源：臺電，《營業報告書》（4），（1921）大正 10 年，頁 10。

　　　　　臺電，《營業報告書》（5），（1921）大正 10 年，頁 11。

　　　　　《日》14035–1939–s14.4.14–1，〈けふ落成式を舉ぐ北部火力發電所〉。

## 貳、北部系統

　　北部因降水較豐沛，水力機組可以過載運轉，超出其安全限制地運轉，龜山、小粗坑電廠就是如此。

　　長尾在 1910 年代規劃的龜山、小粗坑、后里、竹仔門、土燻灣五座電廠，一直忠實提供臺灣產業所需動力，直到 1934 年才被日月潭計劃取代，影響力長達三十年。

　　1910 年代，北臺灣就面臨需求不斷成長，既有機組無法滿足需求的窘況。[註 17] 加上國際油價受第一次世界大戰影響，不斷飛漲，讓市場轉向電力靠攏。[註 18] 作業所一面加強取締竊電，一面切割供電時段，雙管齊下，一方面提高利用率，一方面降低負載。[註 19]

----

[註 17]　《日》5450-1915-t4.8.23-4，〈電氣利用漸普〉。

[註 18]　《日》5986-1917-t6.2.28-5，〈電燈激增之傾向〉。1917 年 1 月，作業所統計過去一年，電燈竟增加 1 萬盞，累計 10.3 萬盞。比十個月前的 9.3 萬盞，增加 1 萬盞，「近見激增之處，是雖電氣事業漸普及所致，一方面也是石油漲價，促進使用電氣之機運也。」

[註 19]　《日》7416-1921-t10.1.28-6，〈電力不可濫用〉。

　　北部系統依賴龜山、小粗坑電廠為主要負載，1910 年起連續二年的颱風，讓作業所開始建立火力電廠，確立臺灣「水主火從」架構。除此之外，北臺灣也是用電成長最快，也最吃緊的地區，1910 年代的臺北火力、基隆火力相繼不敷使用，1920 年代的松山火力電廠及 1930 年代的基隆火力電廠，相繼成為北臺灣的備用電廠。

　　每年市場預估成長率中，北臺灣都能達成預定目標。〔註20〕1918 年，北臺灣備轉容量又告不足，只好將小粗坑電廠擴增機組，但預估到第二年也會面臨飽合。〔註21〕1920 年代，臺電首度向其它民營電廠購電，以補北臺灣供電之不足。〔註22〕同時，擴充變電所容量，「俾一般電力供給，當無憾焉。」。〔註23〕

### 表80　臺北地區電燈數量

| 臺灣各城市電燈數量 | | | 大臺北地區各地電燈數量 | | |
|---|---|---|---|---|---|
| 城　市 | 燈　數 | 排　名 | 地　區 | 燈　數 | 排　名 |
| 臺北 | 124702 | 1 | 下奎町 | 33582 | 1 |
| 臺南 | 40494 | 2 | 新富町 | 29093 | 2 |
| 臺中 | 36507 | 3 | 城內町 | 20545 | 3 |
| 基隆 | 32992 | 4 | 兒玉町 | 12750 | 4 |
| 高雄 | 29909 | 5 | 御成町 | 11450 | 5 |
| 彰化 | 17521 | 6 | 淡水 | 3181 | 6 |
| 屏東 | 14653 | 7 | 士林 | 2137 | 7 |
| 合計 | 29.7 萬盞 | | 板橋 | 1895 | 8 |

〔註20〕《日》4834-1913-t2.11.23-5，〈電氣需用狀況〉。1913 年度各地電力需求狀況，「北部成績，較為良好，臺北增加 2800 盞，基隆 600 盞，中部雖不及北部，亦在普通。惟南部成績低劣，未達本年預定數亦未可知。蓋因南部地方自去年來砂糖欠收，需要電氣，大受影響。」

〔註21〕《日》6304-1918-t7.1.12-5，〈北部電力不足〉。1918 年 1 月，北部系統容量約 5 千 hp，除了備而不用的火力機組 640hp 外，實際常備容量是 4360hp，但傳輸到臺北線路耗損約 10%，實際使用約 3,500hp，約比實際負載多出 770hp，以備轉容量而言，略顯不足。故小粗坑擬增設 1,000hp 發電機，工期一年，但極使完成，可能第二年也將面臨飽和。

〔註22〕臺電，《營業報告書》(5)，(1921) 大正 10 年，頁 4。1921 年，臺電北部供給不足，向臺灣合同購電 450kw。

〔註23〕《南新》7472-1922-t11.12.19-2，〈變壓所の改築〉。

| | | |
|---|---|---|
| 汐止 | 1892 | 9 |
| 北投 | 1686 | 10 |
| 新莊 | 1636 | 11 |
| 松山 | 1400 | 12 |
| 新店 | 1085 | 13 |
| 三峽 | 1029 | 14 |
| 樹林 | 694 | 15 |
| 景美 | 655 | 16 |
| 南港 | 274 | 17 |
| 中庄 | 96 | 18 |
| 計 | 125181 | |

說明：數據為 1924 年數字。

資料來源：《日》8797–1924–t13.11.9–4，〈全島電燈近況〉。

北部系統以臺北盆地為中心，「臺北燈數，幾佔全島總燈數之半」，臺北所營收每年都在 100 萬圓以上，是臺電獲利能力最強的營業所。而且臺北對抗不景氣的抗壓性最強，「雖因不景氣，唯電燈絕無減少之事。」各種實驗性措施，也先在臺北實施，如「節約用電」、「竊電檢查」、「電表制」等等，再擴大到全臺。〔註24〕

大臺北地區電燈數量可製成「表80」，從臺北市電燈數分布來看，可看出 1920 年代臺北盆地偏向北邊為重的事實，這與淡水港與基隆港的影響力仍在有關，但南邊城鎮的發展也慢慢興起，臺北盆地規模也在擴大中。

臺北雖然是全臺「電氣化」首善之區，但就 1920 年代標準而言，平均每盞電燈 23.47cp，連照明一坪空間亮度都不夠。〔註25〕但比起其它地區而言，臺北已經是「最高標準」了，雖然比起日本主要都市要遜色的多。

### （壹）龜山水力發電廠

龜山水力發電廠（以下簡稱龜山）是總督府在臺灣建立的第一座水力電廠，也是臺灣歷史上第一座水力發電廠，具有重要象徵意義。

1905～1930 年間，龜山電廠裝置容量都維持在 600kw，直到 1930 年擴充為 750kw。就裝置容量而言，龜山比不上後來的小粗坑、竹仔門或土壠灣電廠

〔註24〕 《南新》8074-1924-t13.8.12-7，〈電力節約の效果〉。
〔註25〕 《日》8797-1924-t13.11.9-4，〈全島電燈近況〉。

等大容量電廠，但總督府從龜山電廠的營運累積了後來電力規劃的寶貴經驗，此點貢獻為其它電廠所不及。

統計的二十年中，龜山超越小粗坑，有八年超載運轉發電，1926～1930年更是連續五年超載發電，在臺灣電力最缺乏的1925～1933年間，龜山電廠忠實扮演自己的角色。該廠最大發電量累計為1.18億度，實際發電量累計1.06億度，平均發電率90%，在全臺所有電廠中，名列第一，總督府更從龜山電廠的成功經驗，確立了臺灣以水力發電為基礎的電力政策。

### （貳）小粗坑水力發電廠

小粗坑水力發電廠（以下簡稱小粗坑）於1909年完工，該廠裝置容量雖然不大，但長年超載發電的結果，累計發電量竟佔全部發電量的12%，超越許多後期設立中型水力電廠。若將時間下限設在日月潭計劃峻工前的1933年，小粗坑累計發電量更提高到全部電量的24%，直到1920年代，龜山與小粗坑一直供應大臺北地區電力需求，在臺灣電力發展史上具有特殊的地位。

小粗坑電廠由國弘督導興建，而且當地是出名「疫區」，進入工地的工人及船隻皆需注射預防針及消毒後。〔註26〕1919年臺電設立後，小粗坑電廠改隸臺電營運，從1910～1940年代，一直是臺電在北臺灣的發電重鎮，而且發電機組經過兩次更新，裝置容量從1920年2,729kw，增加到1931年的4,400kw，堪稱「老當益壯」。

1920～1939年間，小粗坑理論發電量為6.1億度，但實際發電量為5.2億度，平均發電率86%，排名全臺發電廠第二名，僅次龜山電廠。此電廠位於北臺灣，冬季東北季風帶來豐沛雨量，使該電廠常年保持高發電率。

在統計的二十年中，小粗坑有七年發電量超越理論值，尤其1925到1929年間，連續五年超載發電，1928年發電率甚至達到歷史最高的120%。發電機組若處於高溫過載運作，會危害機組使用壽命，但在當時北臺灣供電吃緊情況下，似乎只有地利之便的小粗坑能幫助臺電渡過難關。日月潭計劃完成後的1935～1936年間，小粗坑發電率降到18～23%，但1937年中日開戰後，為供應軍需產業電力需求，發電率又回到88%以上。

### （參）臺北火力發電廠

臺北火力發電廠（以下簡稱臺北火力）是日治時期臺北最早營運的火力

---

〔註26〕《日》6911-1919-t8.9.11-5，〈火電修理狀況〉。

電廠，裝置容量 950kw，每年最大供應量 832 萬度。

　　1913 年，總督府因應龜山、小粗坑已達飽合狀態，加上枯水期及偶發故障停機的困擾，於是蘊釀臺北火力的構想。〔註 27〕臺北火力建設經費在 1914 年開支，總經費 25 萬圓，裝置容量 1,000kw，平均 1kw 建設單價 250 圓，作業所官員說：「此火力電廠不獨可爲風水害時預備，且可增進臺北市電燈之數，可謂一舉兩得云。」〔註 28〕

　　但觀察 1920～1939 年間實際數據，臺北火力電廠累計最大發電量爲 1.6 億度，但實際發電量爲 1,200 萬度，平均發電率 8%，發電效率並不高，1935 年除役，共服役二十年，屬於長壽的電廠。

### （肆）基隆火力發電廠

　　基隆火力發電廠（以下簡稱基隆火力）是臺電在臺北第二座火力電廠，於 1921 年啓用，接替臺北火力，成爲北臺灣重要備轉機組，彌補停電（颱風、枯水期）工商業用電需求。〔註 29〕

　　該廠最初計劃使用五年，「待日月潭完工之時，將歸於無用。」〔註 30〕詎料隨著日月潭計劃的延宕，臺電對該廠依賴程度加深，發電量也逐年增加，1933 年，基隆火力裝置容量由 2,000kw 增爲 2,500kw，1938 年除役，共服役十七年。〔註 31〕

　　1920～1939 年間，基隆火力電廠最大累計發電量爲 3.8 億度，但實際累計發電量爲 3291 萬度，平均發電率 9%。

　　該廠發電率在 1933 年達到 37%最高點，1935 年後已無發電記錄，因屬於小容量電廠，故 1930 年代後期並無加入供電行列。

### （伍）松山火力發電廠

　　松山火力發電廠（以下簡稱松山火力）於 1930 年加入營運，1930～1939 年間，最大累計發電量 4.6 億度，實際發電量 9,722 萬度，平均發電率爲 21%，是臺電所有火力電廠中，唯一發電率超越 20%的火力電廠。

---

〔註 27〕　《日》4613-1913-t2.4.9-5，〈發電所之供給電氣〉。
〔註 28〕　《日》4595-1913-t2.3.24-5，〈設備火力發電發電〉。
〔註 29〕　臺電，《營業報告書》（4），（1921）大正 10 年，頁 10。該廠經費 453566 萬圓，就建設單價而言，所費不貲。
〔註 30〕　《日》6991-1919-t8.11.30-3，〈基隆火力發電〉。
〔註 31〕　臺電，《營業報告書》（29），（1933）昭和 8 年，頁 6。

　　該廠啓用時佔全臺火力機組 11,700kw 的二分之一，全臺裝置容量 30,600kw 的六分之一。〔註32〕該廠配合天送埤電廠，提供北臺灣充足的用電。〔註33〕

　　松山火力發電高峰期爲 1930～1934 年，此後發電率即大幅降低，除 1937 年還有 11% 之外，1938～1939 年間都只有 1%，北臺灣火力電廠中，臺北火力最先使用（1920～1922 年），之後由基隆火力接手（1922～1934 年），最後是松山火力繼續擔任北臺灣備用機組的任務（1930～1939 年）。

### （陸）天送埤水力發電廠

　　天送埤水力發電廠（以下簡稱天送埤）於 1922 年完工，最大累計發電量爲 7.5 億度，實際累計發電量爲 3.9 億度，平均發電率 52%，而且在日月潭電廠加入營運後，天送埤發電率也未明顯降低，擔任日月潭電廠協力電廠的屬性至爲明顯。

　　天送埤本是 1919 年臺灣泡沫經濟時代，由臺南製糖集資開發的電廠，但隔年資金調度陷入困難，臺電伸出援手，並取得主導權，被稱爲臺電的「姐妹會社」。〔註34〕

　　1933 年，天送埤擴充裝置容量，由 6,600kw 增爲 8,600kw。〔註35〕1934 年日月潭電廠完工，天送埤轉爲預備電廠。〔註36〕1937 年，員山電廠完工，取代了天送埤的地位。〔註37〕

## 參、中部系統

　　中臺灣是最具有大規模水力發電的開發地區，日月潭計劃與大甲溪計劃都位於中部地區，該區可說是臺灣水力發電的重鎮。

　　中部地區自 1910 年代中期蘊釀日月潭計劃以來，所有民間電廠開發案都被凍結，但長達十年以上的延宕，讓中臺灣錯失電力發展的機會。

　　根據臺電研究，中南部枯水期約從每年 10 月開始，到隔年 2～3 月結束，

---

〔註32〕《日》10721-1930-s5.2.20-3，〈松山火力の完成で〉。
〔註33〕《日》10738-1930-s5.3.9-4，〈昨今市内電燈黑暗〉。
〔註34〕《日》6892-1919-t8.8.23-6，蘭陽特訊，〈水電工程〉。
〔註35〕臺電，《營業報告書》（29），（1933）昭和 8 年，頁 6。
〔註36〕《日》12449-1934-s9.11.28-4，〈天送埤發電所乏水〉。
〔註37〕《日》13226-1937-s12.12.28-4，〈蘭陽地方增設發電所〉。

北部則從 12 月開始，到隔年 2～3 月。〔註38〕因此「北電南送」似乎是比較有效率的方式（而不是「南電北送」），從這個角度來看，大甲溪計劃似乎比日月潭計劃應更先實施。中部地區除了長尾規劃的一系列電廠外，平均發電率都偏低。

### （壹）后里庄水力發電廠

后里庄水力發電廠（以下簡稱后里庄）又稱「後里圳發電廠」，位於臺中豐原郡內埔庄，該廠於 1911 年啓用，供應臺中、彰化所需電力。后里裝置容量 800kw，1930 年擴充爲 950kw，1920～1939 年間，理論最大累計發電量 1.53 億度，實際累計發電量 1.22 億度，平均發電率 80%。

### （貳）北山坑水力發電廠

北山坑水力發電廠（以下簡稱北山坑）當初是規劃供應日月潭電廠施工所需電力之用，所需資金，由日月潭計劃預算支付，北山坑卻在日月潭計劃停工後，率先加入營運行列。

1920～1939 年間，北山坑最大累計發電量爲 2.4 億度，但實際發電量爲 1.7 億度，平均發電率 70%，具有中上水準的表現，北山坑在 1928、1932、1938 年都有發電率超過 100%的記錄。

### （參）濁水水力發電廠

濁水水力發電廠（以下簡稱濁水），該廠是 1929 年，臺電爲補充日月潭計劃完工前增加的需求，向嘉南大圳組合收購的電廠，爲了讓臺電順利收購濁水，總督府還回絕了嘉義市收購爲市營的要求。〔註39〕

1929～1939 年間，濁水最大累計發電量爲 1.4 億度，但實際發電量爲 8,113 萬度，平均發電率 56%。

### （肆）日月潭水力發電廠

日月潭水力發電廠（以下簡稱日月潭）耗費 6,800 萬圓，輸出電量卻不如宣傳，利用率也不高。

1934～1939 年間，日月潭最大累計發電量爲 52.5 億度，實際累計發電量 20.3 億度，發電率 39%，此數據爲臺電所有電廠中發電率最低者，若以 1936

---

〔註38〕 《臺灣電氣協會會報》第 10 號，昭和 11 年 12 月（1936 年 12 月），後藤曠二，〈日月潭水力系統の開發に就て〉，頁 8。
〔註39〕 臺電，《營業報告書》（20），（1929）昭和 4 年，頁 5。

～1939 年間較高的發電率平均計算，發電力只有 4.6 萬 kw，與臺電對外宣稱的 5.8 萬 kw 有頗大落差，再以發電率最高的 1939 年計算，發電力也只有 5.1 萬 kw。〔註40〕當初為了節省經費，把日月潭取水口從上游姐妹原改到下游的武界，讓水位高度降低，連帶也降低了儲水量與平均發電力，是造成日月潭發電率「名不符實」的主因。

　　日月潭自 1934 年起，整體發電率從平均 30% 以上降為 20%，甚至更低，這樣的數據，低於美國整體發電率，也低於日本平均值。

### 圖 63　1930 年代日月潭計劃重新啟動

　　說明：經過 1920 年代的低潮，1930 年初該計劃重新啟動，圖為總督
　　　　　府更局長忙著為日月潭計劃重新刷洗。
　　資料來源：《日》10336–1929–s4.1.28–4，〈臺日漫畫〉。

### （伍）日月潭第二水力發電廠

　　日月潭第二水力發電廠（以下簡稱日月潭第二），1936～1939 年間，日月潭第二最大累計發電量為 11.4 億度，實際累計發電量 3.8 億度，平均發電率 34%，更低於日月潭的平均值。

　　日月潭第二利用日月潭餘水再利用發電，可節省日月潭三分之一的用

---

〔註40〕《臺灣遞信協會雜誌》第 122 號，（1932）昭和 7 年 3 月，小野喜治，〈日月潭水力發電計劃の話〉，頁 33。

水，當時最大負載是 8.5 萬 kw，僅需使用日月潭五臺中的四臺，或該廠二臺中的一臺即可，從年底枯水期到隔年冬季，日月潭啓動三臺，日月潭第二用二臺，即可達到最高利用率，換言之，兩座靠日月潭發電的電廠即可協調出「最佳化」的發電模式。〔註41〕

## 肆、南部系統

南部系統長期由1900年代設計的土壠灣、竹仔門兩電廠供應，一直到1920年代，才有高雄第一、第二電廠的加入，整個南部地區，除臺南外，均屬於較晚期開發的市場。

### （壹）土壠灣水力發電廠

土壠灣水力發電廠（以下簡稱土壠灣）又稱爲「六龜里水力電廠」，位於屏東郡六龜庄，於 1918 年完工，其地位可以說是南臺灣的「小粗坑」電廠，在臺灣西部輸電網未連成一氣之前，是南臺灣最大的水力發電廠。

總計 1920～1939 年間，土壠灣最大累計發電量爲 5.2 億度，實際累計發電量 3.5 億度，平均發電率 68%，未如小粗坑與龜山發電率要來得高。

### （貳）竹仔門水力發電廠

竹仔門水力發電廠（以下簡稱竹仔門），位於高雄旗山郡美濃庄，與土壠灣同屬 1910 年代土木局長長尾半平規劃水利事業的附帶事業，於 1910 年完工，裝置容量 1,600kw，1930 年擴充到 1,950kw。

1920～1939 年間，竹仔門最大累計發電量爲 3.1 億度，實際累計發電量 1.9 億度，平均發電率 64%，與土壠灣效能相差無幾。

### （參）高雄第一火力發電廠

高雄第一火力發電廠（以下簡稱高雄第一）最大發電量累計量 8,760 萬度，實際發電量 319 萬度，平均發電率 4%，是臺電在南臺灣早期火立電廠，設備沒有擴充過，屬於低利用率的電廠。

高雄第一的發電率並不連續，可以連續數年不用，也可以連用數年（1927～1930 年），1933 年後，高雄第一已無發電記錄可尋。

### （肆）高雄第二火力發電廠

高雄第二火力發電廠（以下簡稱高雄第二）是臺電在南臺灣最大裝置容

〔註41〕 《日》13455-1937-s12.9.7-3，〈五日より營業運轉開始…〉。

量的火力機組，因爲機組較新，是日治時期最新式的火力電廠。

　　高雄第二最大發電累計量爲 11.9 億度，實際累計發電量 1.5 億度，發電率 13%。從高雄第二歷年發電率來看，1929 年 49%爲最高，其次爲 1930 年的 42%，其餘皆低於 40%以下，顯示設備採購後，利用率偏低的特殊現象，該廠服役十一年（1923〜1934 年），使用年限非常短暫。

## 小　結

　　臺灣電力產業具有「政策獨佔」、「長工期」、「高成本」、「低率用率」、「高理想」的諸多特質，反映在市場上也呈現多種面向。臺電在名義上雖然獨佔臺灣西部市場，但直到 1931 年以前，臺灣區分爲北、中、南三個獨立電力系統，彼此無法支援。加上日月潭計劃延宕許久，市場卻一直在增加，臺電只好在各區相繼成立火力電廠，配合效果有限的「節約用電」、「竊電取締」等手段，稍稍緩和供電吃緊的狀況，這樣的情形，幾乎是 1920 年到 1930 年代的常態。

　　臺灣電力部門的問題在於獨佔廠商無法滿足市場，卻又建立許多利用率偏低的火力機組，加上臺灣鐵路運輸無法滿足大規格火力電廠的燃料需求，只要一啓動火力機組，就降低臺電獲利（加上故障頻傳）。另一方面，其它使用火力機組爲主要負載的民營電力公司，卻能在經營績效上比臺電領先，同樣是火力機組，臺電具有的優勢運用，反而不如民間其它廠商。

　　1931 年，北、中臺灣輸電網連線，松山火力能夠支援中臺灣枯水期電力不足窘況，南臺灣則由高雄第二供應枯水期用電，如是狀況到了 1934 年日月潭電廠竣工後，全臺水、火力機組才能互相支援，但臺電的財務已無法將龐大火力備轉電力轉化爲市場利潤，一切都導向軍需工業化，失去了迎向市場的機會，幸有 1910 年代推動的一系列水力電廠，否則臺灣市場因爲日月潭計劃重挫的影響，還會更嚴重。

　　本文不沿用過去研究的「裝置容量」的比較，改採「實際累計發電量」爲比較基準，由此看出計算的落差，更發現臺灣電力負載中，火力機組花費偏高、利用率卻偏低的事實，由於長期使用火力機組的結果，墊高的營運成本降低臺電獲利率，並轉嫁給市場中的廣大消費者，但臺電卻對外宣稱因爲匯損問題，無法調降費率，實則是火力機組降低了淨利，才是無法降價的主因。

表 81　龜山發電廠「裝置容量」與「實際發電量」

| 時間 | 裝置容量（kw） | （A）每年最大發電量（千度） | （B）該年實際發電量（千度） | 發電率（B）/（A） |
|---|---|---|---|---|
| 1920 | 600 | 5256 | 4400 | 84% |
| 1921 | 600 | 5256 | 5470 | 104% |
| 1922 | 600 | 5256 | 5244 | 100% |
| 1923 | 600 | 5256 | 4970 | 95% |
| 1924 | 600 | 5256 | 4946 | 94% |
| 1925 | 600 | 5256 | 4955 | 94% |
| 1926 | 600 | 5256 | 6064 | 115% |
| 1927 | 600 | 5256 | 6594 | 125% |
| 1928 | 600 | 5256 | 6370 | 121% |
| 1929 | 600 | 5256 | 6554 | 125% |
| 1930 | 750 | 6570 | 6609 | 101% |
| 1931 | 750 | 6570 | 6390 | 97% |
| 1932 | 750 | 6570 | 6376 | 97% |
| 1933 | 750 | 6570 | 6624 | 101% |
| 1934 | 750 | 6570 | 5010 | 76% |
| 1935 | 750 | 6570 | 869 | 13% |
| 1936 | 750 | 6570 | 858 | 13% |
| 1937 | 750 | 6570 | 6286 | 96% |
| 1938 | 750 | 6570 | 5889 | 90% |
| 1939 | 750 | 6570 | 6392 | 97% |
| 計 | | 118260 | 106870 | 90% |

資料來源：臺灣電力株式會社，《營業報告書》（1920-1939）大正 9 年～昭和 14 年。

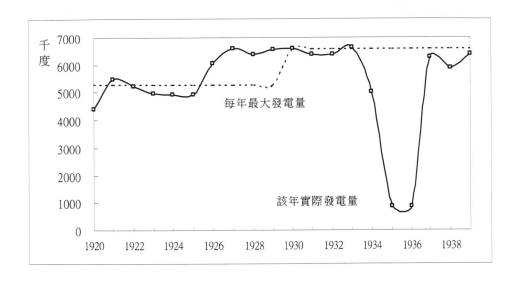

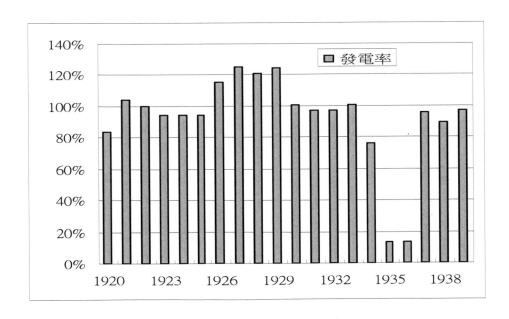

表 82　小粗坑發電廠「裝置容量」與「實際發電量」

| 時間 | 裝置容量（kw） | （A）每年最大發電量（千度） | （B）該年實際發電量（千度） | 發電率（B）/（A） |
|---|---|---|---|---|
| 1920 | 2720 | 23827 | 20670 | 87% |
| 1921 | 2720 | 23827 | 22943 | 96% |
| 1922 | 2720 | 23827 | 24377 | 102% |
| 1923 | 2720 | 23827 | 24146 | 101% |
| 1924 | 2720 | 23827 | 22617 | 95% |
| 1925 | 2720 | 23827 | 23748 | 100% |
| 1926 | 2720 | 23827 | 26253 | 110% |
| 1927 | 2720 | 23827 | 27935 | 117% |
| 1928 | 2720 | 23827 | 28681 | 120% |
| 1929 | 2720 | 23827 | 27589 | 116% |
| 1930 | 3400 | 29784 | 29123 | 98% |
| 1931 | 4400 | 38544 | 32056 | 83% |
| 1932 | 4400 | 38544 | 35247 | 91% |
| 1933 | 4400 | 38544 | 33718 | 87% |
| 1934 | 4400 | 38544 | 29056 | 75% |
| 1935 | 4400 | 38544 | 6989 | 18% |
| 1936 | 4400 | 38544 | 9025 | 23% |
| 1937 | 4400 | 38544 | 34060 | 88% |
| 1938 | 4400 | 38544 | 33362 | 87% |
| 1939 | 4400 | 38544 | 35760 | 93% |
| 計 | | 614952 | 527355 | 86% |

資料來源：臺灣電力株式會社，《營業報告書》（1920～1939）大正 9 年～昭和 14 年。

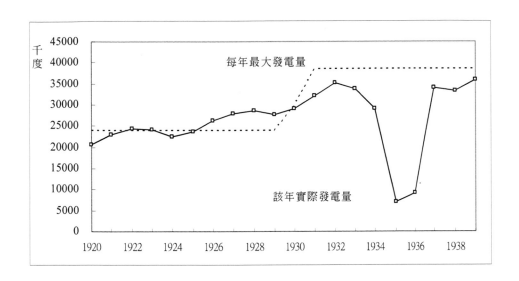

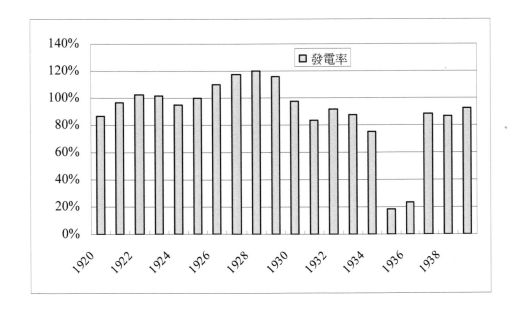

表 83　臺北火力電廠「裝置容量」與「實際發電量」

| 時間 | 裝置容量（kw） | （A）每年最大發電量（千度） | （B）該年實際發電量（千度） | 發電率（B）/（A） |
|---|---|---|---|---|
| 1920 | 950 | 8322 | 534 | 6% |
| 1921 | 950 | 8322 | 640 | 8% |
| 1922 | 950 | 8322 | 634 | 8% |
| 1923 | 950 | 8322 | 119 | 1% |
| 1924 | 950 | 8322 | 752 | 9% |
| 1925 | 950 | 8322 | 421 | 5% |
| 1926 | 950 | 8322 | 618 | 7% |
| 1927 | 950 | 8322 | 314 | 4% |
| 1928 | 950 | 8322 | 237 | 3% |
| 1929 | 950 | 8322 | 1651 | 20% |
| 1930 | 950 | 8322 | 1167 | 14% |
| 1931 | 950 | 8322 | 744 | 9% |
| 1932 | 950 | 8322 | 1163 | 14% |
| 1933 | 950 | 8322 | 2382 | 29% |
| 1934 | 950 | 8322 | 1212 | 15% |
| 1935 | 950 | 8322 | 0 | 0% |
| 1936 | 950 | 8322 | 0 | 0% |
| 1937 | 950 | 8322 | 0 | 0% |
| 1938 | 950 | 8322 | 0 | 0% |
| 1939 | 950 | 8322 | 0 | 0% |
| 計 | | 166440 | 12588 | 8% |

資料來源：臺灣電力株式會社，《營業報告書》（1920～1939）大正 9 年～昭和 14 年。

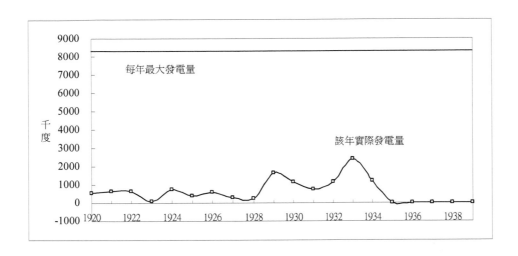

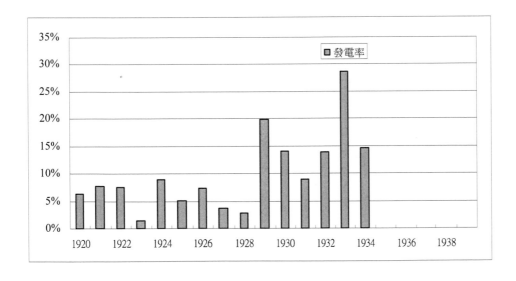

表84　基隆火力電廠「裝置容量」與「實際發電量」

| 時間 | 裝置容量（kw） | （A）每年最大發電量（千度） | （B）該年實際發電量（千度） | 發電率（B）/（A） |
|------|------|------|------|------|
| 1920 | 2000 | 17520 | 0 | 0% |
| 1921 | 2000 | 17520 | 65 | 0% |
| 1922 | 2000 | 17520 | 2339 | 13% |
| 1923 | 2000 | 17520 | 468 | 3% |
| 1924 | 2000 | 17520 | 1643 | 9% |
| 1925 | 2000 | 17520 | 1811 | 10% |
| 1926 | 2000 | 17520 | 1271 | 7% |
| 1927 | 2000 | 17520 | 1459 | 8% |
| 1928 | 2000 | 17520 | 1089 | 6% |
| 1929 | 2000 | 17520 | 3690 | 21% |
| 1930 | 2000 | 17520 | 1322 | 8% |
| 1931 | 2000 | 17520 | 1931 | 11% |
| 1932 | 2000 | 17520 | 2874 | 16% |
| 1933 | 2500 | 21900 | 8090 | 37% |
| 1934 | 2500 | 21900 | 4854 | 22% |
| 1935 | 2500 | 21900 | 5 | 0% |
| 1936 | 2500 | 21900 | 1 | 0% |
| 1937 | 2500 | 21900 | 1 | 0% |
| 1938 | 2500 | 21900 | 0 | 0% |
| 1939 | 2500 | 21900 | 0 | 0% |
| 計 | | 381060 | 32913 | 9% |

資料來源：臺灣電力株式會社，《營業報告書》（1920～1939）大正9年～昭和14年。

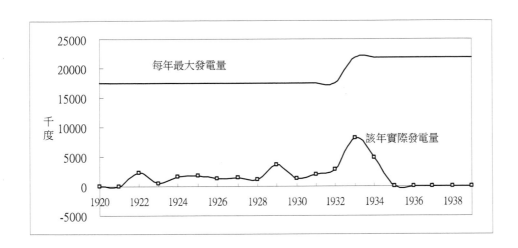

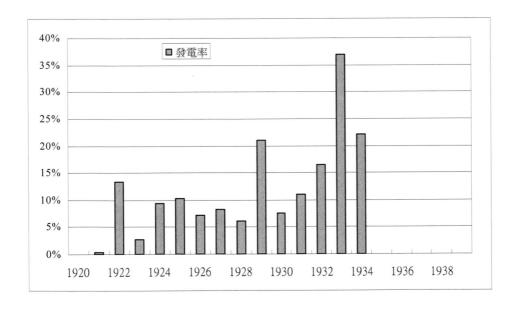

表 85　松山火力電廠「裝置容量」與「實際發電量」

| 時　間 | 裝置容量（kw） | （A）每年最大發電量（千度） | （B）該年實際發電量（千度） | 發電率（B）／（A） |
|---|---|---|---|---|
| 1920 | | | | |
| 1921 | | | | |
| 1922 | | | | |
| 1923 | | | | |
| 1924 | | | | |
| 1925 | | | | |
| 1926 | | | | |
| 1927 | | | | |
| 1928 | | | | |
| 1929 | | | | |
| 1930 | 5000 | 43800 | 9438 | 22% |
| 1931 | 5000 | 43800 | 14151 | 32% |
| 1932 | 5000 | 43800 | 19081 | 44% |
| 1933 | 5000 | 43800 | 30918 | 71% |
| 1934 | 5500 | 48180 | 17330 | 36% |
| 1935 | 5500 | 48180 | 13 | 0% |
| 1936 | 5500 | 48180 | 56 | 0% |
| 1937 | 5500 | 48180 | 5361 | 11% |
| 1938 | 5500 | 48180 | 361 | 1% |
| 1939 | 5500 | 48180 | 514 | 1% |
| 計 | | 464280 | 97223 | 21% |

資料來源：臺灣電力株式會社，《營業報告書》（1920～1939）大正 9 年～昭和 14 年。

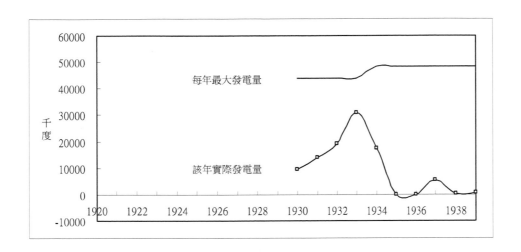

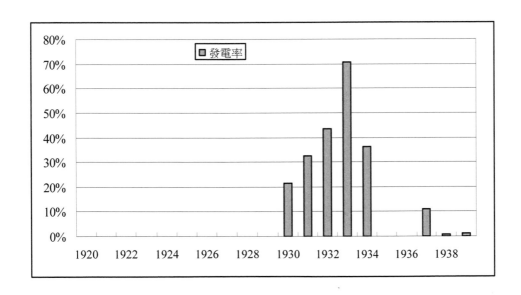

表 86　天送埤電廠「裝置容量」與「實際發電量」

| 時　間 | 裝置容量（kw） | （A）每年最大發電量（千度） | （B）該年實際發電量（千度） | 發電率（B）/（A） |
|---|---|---|---|---|
| 1920 | 6375 | | | |
| 1921 | 6375 | | | |
| 1922 | 6375 | | | |
| 1923 | 6375 | | | |
| 1924 | 6375 | | | |
| 1925 | 6375 | | | |
| 1926 | 6375 | | | |
| 1927 | 6375 | | | |
| 1928 | 6375 | | | |
| 1929 | 6375 | 55845 | 18441 | 33% |
| 1930 | 6600 | 57816 | 32165 | 56% |
| 1931 | 6600 | 57816 | 35319 | 61% |
| 1932 | 6600 | 57816 | 43404 | 75% |
| 1933 | 8600 | 75336 | 38988 | 52% |
| 1934 | 8600 | 75336 | 28681 | 38% |
| 1935 | 8600 | 75336 | 19736 | 26% |
| 1936 | 8600 | 75336 | 45681 | 61% |
| 1937 | 8600 | 75336 | 39228 | 52% |
| 1938 | 8600 | 75336 | 49348 | 66% |
| 1939 | 8600 | 75336 | 42174 | 56% |
| 計 | | 756645 | 393165 | 52% |

資料來源：臺灣電力株式會社，《營業報告書》（1920～1939）大正 9 年～昭和 14 年。

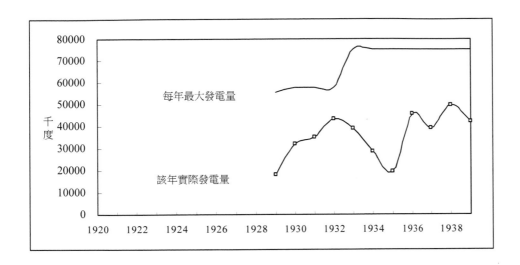

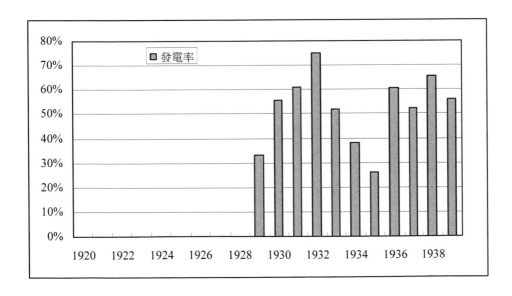

表 87　后里庄發電廠「裝置容量」與「實際發電量」

| 時間 | 裝置容量（kw） | （A）每年最大發電量（千度） | （B）該年實際發電量（千度） | 發電率（B）/（A） |
|---|---|---|---|---|
| 1920 | 800 | 7008 | 4914 | 70% |
| 1921 | 800 | 7008 | 6810 | 97% |
| 1922 | 800 | 7008 | 6490 | 93% |
| 1923 | 800 | 7008 | 6226 | 89% |
| 1924 | 800 | 7008 | 6792 | 97% |
| 1925 | 800 | 7008 | 6181 | 88% |
| 1926 | 800 | 7008 | 6180 | 88% |
| 1927 | 800 | 7008 | 6544 | 93% |
| 1928 | 800 | 7008 | 7441 | 106% |
| 1929 | 800 | 7008 | 6415 | 92% |
| 1930 | 950 | 8322 | 7565 | 91% |
| 1931 | 950 | 8322 | 7961 | 96% |
| 1932 | 950 | 8322 | 7883 | 95% |
| 1933 | 950 | 8322 | 7470 | 90% |
| 1934 | 950 | 8322 | 7445 | 89% |
| 1935 | 950 | 8322 | 27 | 0% |
| 1936 | 950 | 8322 | 1626 | 20% |
| 1937 | 950 | 8322 | 5459 | 66% |
| 1938 | 950 | 8322 | 7699 | 93% |
| 1939 | 950 | 8322 | 5624 | 68% |
| 計 | | 153300 | 122752 | 80% |

資料來源：臺灣電力株式會社，《營業報告書》（1920～1939）大正 9 年～昭和 14 年。

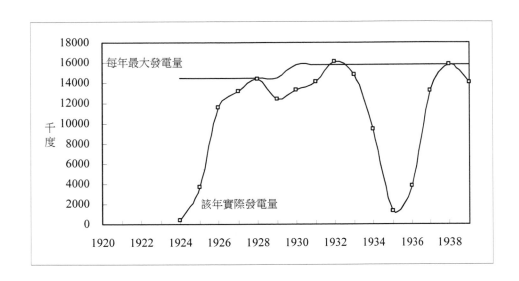

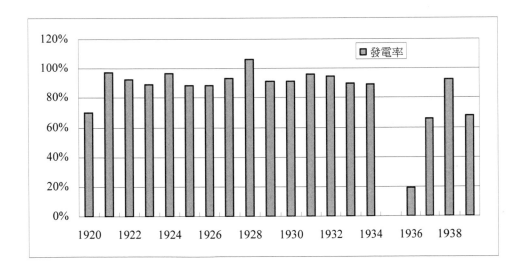

表 88　北山坑發電廠「裝置容量」與「實際發電量」

| 時間 | 裝置容量（kw） | （A）每年最大發電量（千度） | （B）該年實際發電量（千度） | 發電率（B）/（A） |
|---|---|---|---|---|
| 1920 | | | | |
| 1921 | | | | |
| 1922 | | | | |
| 1923 | | | | |
| 1924 | 1650 | 14454 | 411 | 3% |
| 1925 | 1650 | 14454 | 3730 | 26% |
| 1926 | 1650 | 14454 | 11589 | 80% |
| 1927 | 1650 | 14454 | 13177 | 91% |
| 1928 | 1650 | 14454 | 14419 | 100% |
| 1929 | 1650 | 14454 | 12434 | 86% |
| 1930 | 1800 | 15768 | 13288 | 84% |
| 1931 | 1800 | 15768 | 14143 | 90% |
| 1932 | 1800 | 15768 | 16141 | 102% |
| 1933 | 1800 | 15768 | 14839 | 94% |
| 1934 | 1800 | 15768 | 9412 | 60% |
| 1935 | 1800 | 15768 | 1285 | 8% |
| 1936 | 1800 | 15768 | 3838 | 24% |
| 1937 | 1800 | 15768 | 13214 | 84% |
| 1938 | 1800 | 15768 | 15755 | 100% |
| 1939 | 1800 | 15768 | 13990 | 89% |
| 計 | | 244404 | 171665 | 70% |

資料來源：臺灣電力株式會社，《營業報告書》（1920～1939）大正 9 年～昭和 14 年。

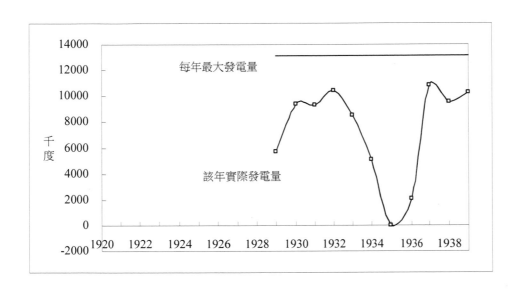

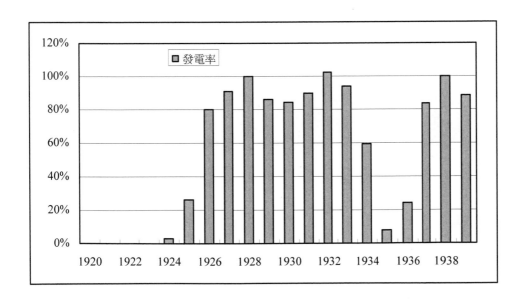

表 89　濁水發電廠「裝置容量」與「實際發電量」

| 時間 | 裝置容量（kw） | （A）每年最大發電量（千度） | （B）該年實際發電量（千度） | 發電率（B）/（A） |
|---|---|---|---|---|
| 1920 | | | | |
| 1921 | | | | |
| 1922 | | | | |
| 1923 | | | | |
| 1924 | | | | |
| 1925 | | | | |
| 1926 | | | | |
| 1927 | | | | |
| 1928 | | | | |
| 1929 | 1500 | 13140 | 5696 | 43% |
| 1930 | 1500 | 13140 | 9422 | 72% |
| 1931 | 1500 | 13140 | 9325 | 71% |
| 1932 | 1500 | 13140 | 10389 | 79% |
| 1933 | 1500 | 13140 | 8502 | 65% |
| 1934 | 1500 | 13140 | 5075 | 39% |
| 1935 | 1500 | 13140 | 10 | 0% |
| 1936 | 1500 | 13140 | 2094 | 16% |
| 1937 | 1500 | 13140 | 10833 | 82% |
| 1938 | 1500 | 13140 | 9507 | 72% |
| 1939 | 1500 | 13140 | 10278 | 78% |
| 計 | | 144540 | 81131 | 56% |

資料來源：臺灣電力株式會社，《營業報告書》（1920～1939）大正 9 年～昭和 14 年。

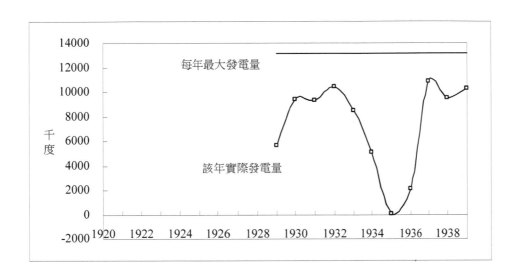

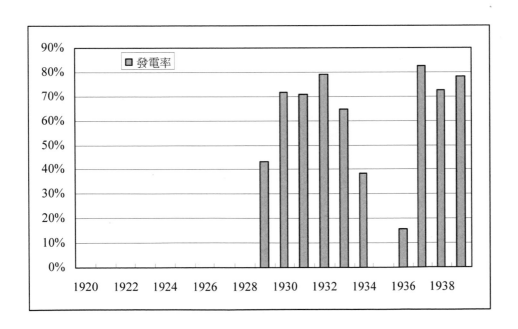

表 90　日月潭電廠「裝置容量」與「實際發電量」

| 時間 | 裝置容量（kw） | （A）每年最大發電量（千度） | （B）該年實際發電量（千度） | 發電率（B）/（A） |
|---|---|---|---|---|
| 1920 | | | | |
| 1921 | | | | |
| 1922 | | | | |
| 1923 | | | | |
| 1924 | | | | |
| 1925 | | | | |
| 1926 | | | | |
| 1927 | | | | |
| 1928 | | | | |
| 1929 | | | | |
| 1930 | | | | |
| 1931 | | | | |
| 1932 | | | | |
| 1933 | | | | |
| 1934 | 100000 | 876000 | 105187 | 12% |
| 1935 | 100000 | 876000 | 308718 | 35% |
| 1936 | 100000 | 876000 | 420861 | 48% |
| 1937 | 100000 | 876000 | 379833 | 43% |
| 1938 | 100000 | 876000 | 374420 | 43% |
| 1939 | 100000 | 876000 | 448788 | 51% |
| 計 | | 5256000 | 2037807 | 39% |

資料來源：臺灣電力株式會社，《營業報告書》（1920～1939）大正 9 年～昭和 14 年。

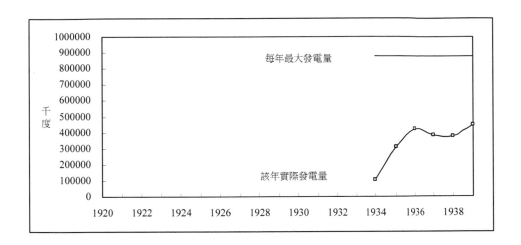

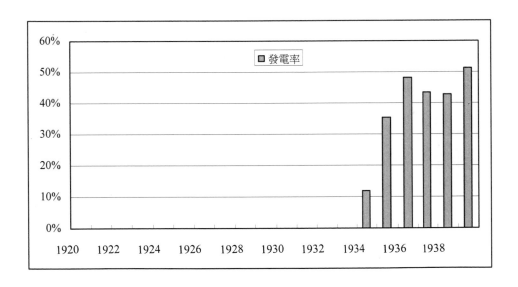

表91　日月潭第二電廠「裝置容量」與「實際發電量」

| 時間 | 裝置容量（kw） | （A）每年最大發電量（千度） | （B）該年實際發電量（千度） | 發電率（B）/（A） |
|---|---|---|---|---|
| 1920 | | | | |
| 1921 | | | | |
| 1922 | | | | |
| 1923 | | | | |
| 1924 | | | | |
| 1925 | | | | |
| 1926 | | | | |
| 1927 | | | | |
| 1928 | | | | |
| 1929 | | | | |
| 1930 | | | | |
| 1931 | | | | |
| 1932 | | | | |
| 1933 | | | | |
| 1934 | | | | |
| 1935 | | | | |
| 1936 | | | | |
| 1937 | | 381060 | 43029 | 11% |
| 1938 | | 381060 | 155185 | 41% |
| 1939 | | 381060 | 185550 | 49% |
| 計 | | 1143180 | 383764 | 34% |

資料來源：臺灣電力株式會社，《營業報告書》（1920～1939）大正9年～昭和14年。

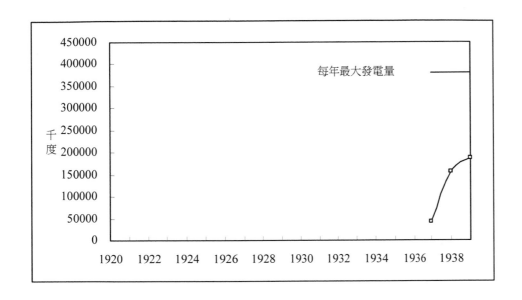

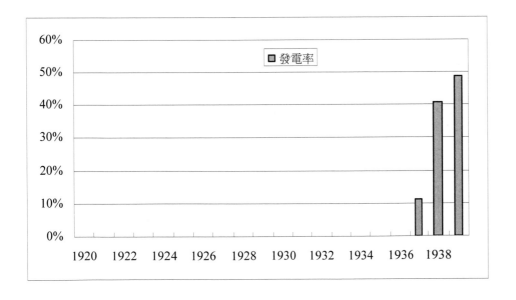

表92　土燧灣發電廠「裝置容量」與「實際發電量」

| 時間 | 裝置容量（kw） | （A）每年最大發電量（千度） | （B）該年實際發電量（千度） | 發電率（B）/（A） |
|---|---|---|---|---|
| 1920 | 2880 | 25229 | 13570 | 54% |
| 1921 | 2880 | 25229 | 19744 | 78% |
| 1922 | 2880 | 25229 | 19630 | 78% |
| 1923 | 2880 | 25229 | 19663 | 78% |
| 1924 | 2880 | 25229 | 20435 | 81% |
| 1925 | 2880 | 25229 | 21119 | 84% |
| 1926 | 2880 | 25229 | 20552 | 81% |
| 1927 | 2880 | 25229 | 21264 | 84% |
| 1928 | 2880 | 25229 | 20864 | 83% |
| 1929 | 2880 | 25229 | 17641 | 70% |
| 1930 | 3100 | 27156 | 18978 | 70% |
| 1931 | 3100 | 27156 | 21532 | 79% |
| 1932 | 3100 | 27156 | 22921 | 84% |
| 1933 | 3100 | 27156 | 22355 | 82% |
| 1934 | 3100 | 27156 | 16797 | 62% |
| 1935 | 3100 | 27156 | 2915 | 11% |
| 1936 | 3100 | 27156 | 4475 | 16% |
| 1937 | 3100 | 27156 | 17085 | 63% |
| 1938 | 3100 | 27156 | 17063 | 63% |
| 1939 | 3100 | 27156 | 19454 | 72% |
| 計 | | 523848 | 358057 | 68% |

資料來源：臺灣電力株式會社，《營業報告書》（1920～1939）大正 9 年～昭和 14 年。

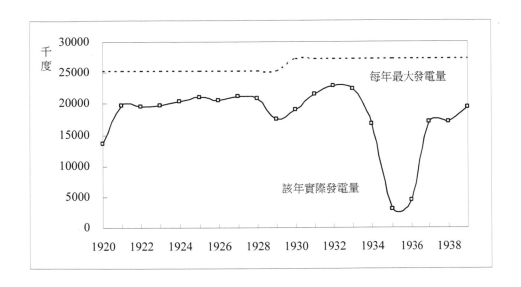

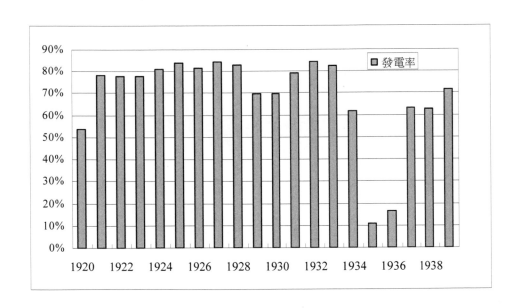

表93　竹仔門發電廠「裝置容量」與「實際發電量」

| 時間 | 裝置容量（kw） | （A）每年最大發電量（千度） | （B）該年實際發電量（千度） | 發電率（B）/（A） |
|---|---|---|---|---|
| 1920 | 1600 | 14016 | 7364 | 53% |
| 1921 | 1600 | 14016 | 7272 | 52% |
| 1922 | 1600 | 14016 | 10486 | 75% |
| 1923 | 1600 | 14016 | 11111 | 79% |
| 1924 | 1600 | 14016 | 9715 | 69% |
| 1925 | 1600 | 14016 | 10112 | 72% |
| 1926 | 1600 | 14016 | 10425 | 74% |
| 1927 | 1600 | 14016 | 11089 | 79% |
| 1928 | 1600 | 14016 | 12624 | 90% |
| 1929 | 1600 | 14016 | 10666 | 76% |
| 1930 | 1950 | 17082 | 12736 | 75% |
| 1931 | 1950 | 17082 | 10511 | 62% |
| 1932 | 1950 | 17082 | 11804 | 69% |
| 1933 | 1950 | 17082 | 14173 | 83% |
| 1934 | 1950 | 17082 | 9193 | 54% |
| 1935 | 1950 | 17082 | 18 | 0% |
| 1936 | 1950 | 17082 | 2767 | 16% |
| 1937 | 1950 | 17082 | 11839 | 69% |
| 1938 | 1950 | 17082 | 12348 | 72% |
| 1939 | 1950 | 17082 | 13290 | 78% |
| 計 | | 310980 | 199543 | 64% |

資料來源：臺灣電力株式會社，《營業報告書》（1920～1939）大正9年～昭和14年。

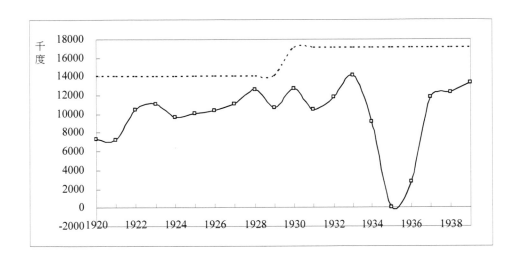

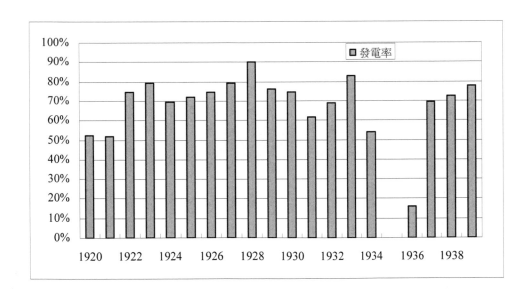

表94　高雄第一電廠「裝置容量」與「實際發電量」

| 時間 | 裝置容量（kw） | （A）每年最大發電量（千度） | （B）該年實際發電量（千度） | 發電率（B）/（A） |
|---|---|---|---|---|
| 1920 | 500 | 4380 | 172 | 4% |
| 1921 | 500 | 4380 | 578 | 13% |
| 1922 | 500 | 4380 | 55 | 1% |
| 1923 | 500 | 4380 | 23 | 1% |
| 1924 | 500 | 4380 | 4 | 0% |
| 1925 | 500 | 4380 | 2 | 0% |
| 1926 | 500 | 4380 | 103 | 2% |
| 1927 | 500 | 4380 | 885 | 20% |
| 1928 | 500 | 4380 | 0 | 0% |
| 1929 | 500 | 4380 | 522 | 12% |
| 1930 | 500 | 4380 | 743 | 17% |
| 1931 | 500 | 4380 | 50 | 1% |
| 1932 | 500 | 4380 | 0 | 0% |
| 1933 | 500 | 4380 | 48 | 1% |
| 1934 | 500 | 4380 | 5 | 0% |
| 1935 | 500 | 4380 | 0 | 0% |
| 1936 | 500 | 4380 | 0 | 0% |
| 1937 | 500 | 4380 | 0 | 0% |
| 1938 | 500 | 4380 | 0 | 0% |
| 1939 | 500 | 4380 | 0 | 0% |
| 計 | | 87600 | 3190 | 4% |

資料來源：臺灣電力株式會社，《營業報告書》（1920～1939）大正9年～昭和14年。

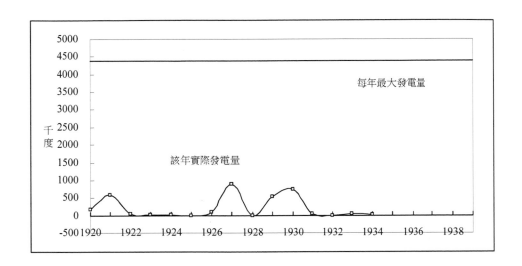

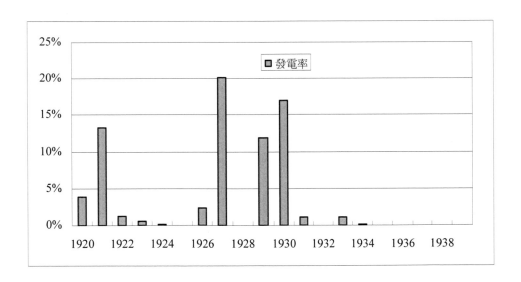

表 95　高雄第二火力電廠「裝置容量」與「實際發電量」

| 時間 | 裝置容量（kw） | （A）每年最大發電量（千度） | （B）該年實際發電量（千度） | 發電率（B）/（A） |
|---|---|---|---|---|
| 1920 | 1000 | 8760 | 0 | 0% |
| 1921 | 1000 | 8760 | 0 | 0% |
| 1922 | 1000 | 8760 | 0 | 0% |
| 1923 | 1000 | 8760 | 245 | 3% |
| 1924 | 1000 | 8760 | 589 | 7% |
| 1925 | 1000 | 8760 | 792 | 9% |
| 1926 | 1000 | 8760 | 2181 | 25% |
| 1927 | 3000 | 26280 | 3212 | 12% |
| 1928 | 3000 | 26280 | 8788 | 33% |
| 1929 | 3000 | 26280 | 12967 | 49% |
| 1930 | 3000 | 26280 | 11100 | 42% |
| 1931 | 13000 | 113880 | 13179 | 12% |
| 1932 | 13000 | 113880 | 24086 | 21% |
| 1933 | 13000 | 113880 | 44616 | 39% |
| 1934 | 13000 | 113880 | 26032 | 23% |
| 1935 | 13000 | 113880 | 0 | 0% |
| 1936 | 13000 | 113880 | 0 | 0% |
| 1937 | 13000 | 113880 | 3114 | 3% |
| 1938 | 13000 | 113880 | 0 | 0% |
| 1939 | 13000 | 113880 | 0 | 0% |
| 計 | 1191360 | 150901 | | 13% |

資料來源：臺灣電力株式會社，《營業報告書》（1920～1939）大正 9 年～昭和 14 年。

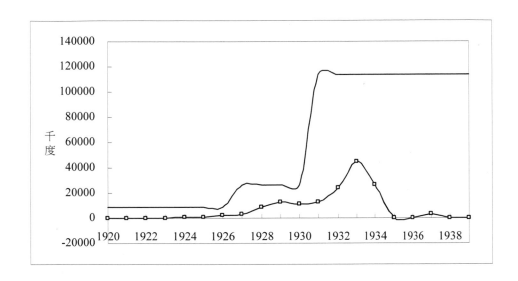

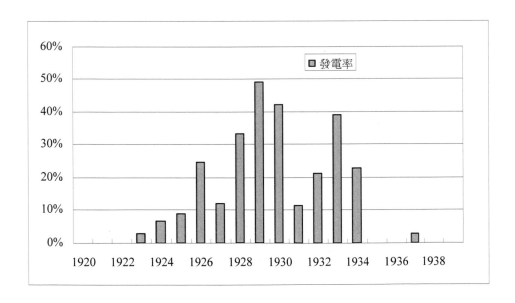

# 第七章　臺灣電力政策的比較

　　臺灣電力發展的詮釋一定要透過比較，才不會陷於官方出版品的進步觀陷阱，才能看清日治時期臺灣電力發展的進步性何在，是否言過其實，比起菲律賓、印度、中國，臺灣確實是進步的；但比起日本、美國、歐洲，臺灣則是落後的。本文以為將日治時期電力發展等同於「殖民地式近代化」的觀點至少有下列缺失：

　　（1）獨佔不是殖民母國對殖民地的專利，而是一種市場機制的規範，而且獨佔也未涵蓋所有部門，因此將獨佔視為殖民的動機，代表性不夠。

　　（2）將日治時期臺灣電力發展置於世界格局比較上，明顯可以看出不同的詮釋，所謂的進步（或近代化）是受侷限的，與其說是「殖民地式近代化」不如說是「近代式的殖民化」，這一點可以從臺灣的市場分析、政策調整，甚至政策形成觀察。

　　（3）所謂的進步，是與南半球國家及分裂動盪中的中國各省相比，並未與日本或歐洲、美國相比，這種進步論只是一種「絕對進步」遮掩下的「相對進步」。

　　（4）所謂日治時期的進步性被當做特定立場的詮釋遠超過客觀數據的支撐，成為一種高度脫離實證的抽象概念，歷史因果關係被倒置，因為在電力部門中，無法用「殖民地」動機去預設「近代化」的進程。

　　（5）十九到二十世紀是電力飛躍成長期，全球化的新能源趨勢，對於觀察近代臺灣物質部門的變遷，具有世界性的比較基準。

　　（6）以往觀點從結果簡化過程，從過程忽略原點，高度簡化數據的結果，遂將「殖民地式的近代化」視為唯一標準。

電力是世界共通的近代化進程，1910 年代列寧曾說：「共產主義就是『蘇聯政權』加『電氣化』。」並依此訂定電力計劃。〔註1〕

日治時期日本人對臺灣的消息多半是道聽塗說或刻板印象的累積，電力發展也不例外，1921 年日本某電力公司董事三浦專治表示，在日本所聽到的臺灣都是負面居多，真正到臺灣才發現臺灣電氣應用比起日本毫不遜色。〔註2〕臺灣長期招商的阻力，就是這種沒有根據的刻版印象。

### 表 96　日本電力市場規模

| 項　　　目 | 數量或規模 | 說　　　明 |
|---|---|---|
| 資本額 | 35 億圓 | （1）、總發電容量：其中水力 387 萬 kw，火力 151 萬 kw。 |
| 總發電容量 | 538 萬 kw | |
| 電燈 | 3200 萬盞 | （2）、電動機：不含自家電動機 126 萬 hp。 |
| 電動機 | 107 萬 hp | （3）、電氣鐵路：另有車輛 1.05 萬輛。 |
| 電氣鐵路 | 2400 哩 | |

說明：數據爲 1929 年 1 月統計數字。

資料來源：《日》10329–1929–s4.1.21–6，〈內地電氣事業界…〉。

1929 年日本電力市場概況如「表 96」，尤其對缺乏石油、煤等能源的日本而言，豐沛的水力發電是與列強競爭的基本要件。〔註3〕日本有許多分眾消費群與市場區隔，臺灣電力市場則僅有電燈一項，產品同質性太高。日本在 1920 年代各電力公司競相擴建電廠，造成電力過剩，反加深各公司「危機感」，努力於財務調整並擴充市場，進入「大競爭」時代，臺灣則在孤注一擲的日月潭計劃中挫後，落後差距愈來愈大。〔註4〕日本市場其實沒有過度競爭的問題，所謂過度競爭，只存在於輸電網的重疊，並不構成系統整合的難度。

日本普及電力最大阻礙不是價格，而是社會觀念。1901 年的東京有 150

---

〔註1〕　《臺灣時報》，（1942）昭和 17 年 7 月號，佐佐木英一，〈臺灣の工業化と電源〉，頁 4～6。在蘇聯訂定的第 1、第二、第三次五年計劃之下，到 1932 年第一次五年計劃截止爲只，蘇聯已擁有 430 萬 kw 裝置容量，到 1937 年已有 2,000 萬 kw 裝置容量，並建立從北極到西伯利亞的高壓輸電網。美國則在對日宣戰後，軍費從 50 億美元擴增到 500 億美元，裝置容量到 1942 年達 4,000 萬 kw，1946 年達 5,800 萬 kw。

〔註2〕　《南新》6889-1921-t10.5.15-3，〈母國人が觀たる本島の電氣興業〉。

〔註3〕　《日》10329-1929-s4.1.21-6，〈內地電氣事業界〉。

〔註4〕　《日》10640-1929-s4.11.30-3，〈資金調達難から電氣事業〉。

萬人口，高度的都市化卻是觀念保守，連明治天皇都不允許在皇宮內敷設任何電線。〔註5〕1887 年日本引進電燈之初，市民認爲這種東西「非常危險，後才漸認其價值。」到了 1930 年代，電燈普及率接近世界第一（僅次於瑞士），「窮鄉僻壤，電車通行，富貴貧賤，一律電燈。」〔註6〕日本雖然起步較慢，但價值觀改變的很快，價格則由競爭市場自由決定。〔註7〕

就法律配套措施而言，日本自 1911 年施行「電氣事業法」，1925 年大幅修訂，同年由遞信省推動「五年電力國營基礎調查」，試圖以國家力量制衡市場的發展。〔註8〕日本政府想要掌控電力發展的思想，由來已久，但有鑑於市場力量強大，始終停留在「監督而無力干預」。電力公司的背後，牽涉到政商間的共同利益，甚至許多電力公司董、監事本身就是議員，政府想要將電力市場一元化，必須面臨議會強大的阻力，而且這些阻力還包含各選區選民與地方利益的壓力，顯然政黨政治對政府產生了制衡力量。臺灣電力政策思想與日本系出同源，但與日本不同的是，這種思想在日本不斷被修正，在臺灣卻轉化爲政策，加上臺灣缺乏市場連結到政治決策的對話機制，反映的是政治力高度掌控下的結果。

1920 年代日本市場概況是「電力與鐵路電氣化大部份由水力發電供應，官衙與民用則水力、火力各半。」〔註9〕臺灣則以分區獨佔，水力爲主，火力只佔極小部份，臺灣雖然市場不如日本發達，但各有優劣，只是臺電未將優點發揮。

（1）日本要獲得水利權開發不易，臺電有總督府入股，在水利權獲得上，比在日本「便利」，包含臺電創立後，作業所幾近「贈送」的六座水力電廠，這是臺電在經營上的優勢。

（2）日本地方縣市爲充實財源，會向縣內電力公司徵稅，名目如「電燈稅」、「水力使用稅」、「公納金」等等，這些「地方稅」加重電力公司負擔，造成平均每度電價都在二錢以上（美國能壓低在一錢以下），臺電則不受地方

〔註5〕 Herbert P.Bix 著、林添貴譯，《裕仁天皇》（臺北：時報出版公司，2002 年 2 月初版一刷），頁 27。
〔註6〕 《南新》10082-1930-s5.2.15-7，〈亞洲之日本〉。
〔註7〕 《日》10600-1929-s4.10.21-2，〈けふ電燈五十年祭輝く〉。
〔註8〕 《南新》8494-1925-t14.10.6-1，〈五ケ年繼續で〉；8472-1925-t14.9.14-1，〈來議會に提出さる〉。
〔註9〕 《南新》7498-1923-t12.1.14-1，〈遞信事業の現狀〉。

政府的牽制，以 1936 年下半年爲例，臺電該營業額 648 萬圓，但營業稅及所得稅不過 10.3 萬圓，幾乎是「免稅經營」。〔註 10〕

（3）「滿鐵」利用中國東北低廉的瓦斯與煤礦發電，每度電價可壓低到一錢，不輸給美國，更領先日本，也節省水力機組龐大經費，日本與美國在 1920 年代興起一波火力機組熱潮，臺灣則無。〔註 11〕

（4）臺電有總督府的強大後援，除了移轉作業所資產給臺電外，還連同資金、人材一併轉移。日本廠商則在充滿「危機感」下戰戰兢兢經營市場，日本土地面積雖然只有臺灣的十倍，但電力市場規模是臺灣的四十至五十倍。

（5）日本以三十年時間，完成「水主火從」的轉換，雖然耗費時間，但市場基礎相當穩固。臺灣一開始就是「水主火從」，但市場基礎不穩固，產品不夠多元化，資金多賴政府融資或貸款。〔註 12〕

1920 年代泡沫經濟破滅後，日本電力界興起合併風潮，遞信省首倡東京、大阪地區合併，但 2 地競爭激烈，共有二十至三十套輸電網，官方引導市場的嘗試終歸失敗，遞相野田只能呼籲：「若能捨小利而就大同，則國家民生幸甚。」〔註 13〕問題在於，官員眼中廠商的「小利」卻是廠商眼中的「大利」，競爭雖然造成資源重疊，卻讓日本全國 7,000 個「市町村」普及率達 70%，競相擴充的結果更積蓄了 1930 年代的動能。〔註 14〕

遞信省雖視電力事業爲「國家事業」，但實際上電力部門一直在市場機制下運作。1900 年，日本電力部門資本額 1,436 萬圓，1927 年 28 億圓，1931 年 41 億圓。〔註 15〕政府即使要介入，也無如此充沛資金。

1930 年代，日本再度興起「電力國有論」，遞信省以修改「電氣事業法」予以回應。儘管日本遞相南弘再三呼籲，希望電力市場朝向單一化發展，並訂 1933 年爲「電氣事業轉向年」，但國會始終沒通過任何一項管制措施，市場力量仍凌駕政府之上。官方請來專家學者爲政策背書，也因眾說紛陳而無法有效推行，終究還是原地踏步。〔註 16〕

〔註 10〕 臺電，《營業報告書》（35），（1936）昭和 11 年，頁 15。
〔註 11〕 《南新》7675-1923-t12.7.10-3，〈內地に於ける水電行詰りと火力電〉。
〔註 12〕 《南新》7869-1924-t13.1.20-3，〈電氣事業の發達〉。
〔註 13〕 《南新》7368-1922-t11.9.6-3，在京一記者，〈電業合同を速か〉。
〔註 14〕 《日》6672-1919-t8.1.15-5，〈戰後遞信事業（二）〉。
〔註 15〕 《日》778-1900-m33.12.2-5，〈電燈統計〉；11772-1933-s8.1.15-6，遞信大臣南弘，〈遞信事業の將來〉；《南新》9015-1927-s2.3.11-2，〈電氣事業の現狀〉。
〔註 16〕 《日》11772-1933-s8.1.15-6，遞信大臣南弘，〈遞信事業の將來〉。

　　1930 年代初期，日圓大幅貶值，造成貸款利息大增，這是日本電力部門首度對政府有強烈的需求，政府則想藉此推動「電力國有化」（藉買進外債順勢成為電力公司股東），讓日本電力部門變成像臺電「半官半民」的屬性，以利政府主導。但遞信省與大藏省立場相異，加上各電力公司只希望政府協助，而不希望政府介入營運事務而作罷。〔註 17〕臺電雖然也因匯損問題向日本政府求援，但遞信省官員卻認為臺電是「政府補助企業，與其它電力公司不同，屬於另外的問題。」〔註 18〕同樣面臨外債利息向日本政府求援，日本中央政府對臺電態度截然不同，臺灣需求總被排在最後幾個順位。

　　日本電力化趨勢始於電燈，繼則家庭電氣化，最後是農村電氣化。西澤義徵分析北海道電力發展模型時說，一開始是先有電燈，人口與都市規模到一定程度後，則由各種產業開始興起，最後是重工業的形成。西澤的分析不只適用於北海道，幾乎是每個地區與國家電力發展的常態模型。〔註 19〕反觀臺灣則長期停留在電燈階段徘徊。1920 年代，日本每 2 個人享有 1 盞電燈，臺灣則每十個人享有一盞電燈。日本人口對馬力比為六十一比一，臺灣則為一百九十三比一，顯示臺灣農業尚未與電力能源接軌。日本 1.04 萬個行政單位中，僅 500 餘個沒有電力供應（多位於離島或極偏僻地區），普及率 95%；臺灣 289 個行政單位中，有電力供應的有 153 個，普及率 52%。〔註 20〕臺灣土地面積約與日本四國相當，但專家認為臺灣要趕上四國的電力發展，至少需要十年時間。〔註 21〕印度農村則用了四十年時間，才趕上臺灣農村 1930 年代的電力發展水準。〔註 22〕

〔註 17〕 《日》11723-1932-s7.11.26-5，〈五大電力の外債〉；11729-1932-s7.12.2-8，〈電力外債買上研究〉。遞信省因為是電力部門監督單位，對電力公司社債來龍去脈比較清楚，立場也較傾向電力公司。但直接面對外債交涉的大藏省則認為依「資本逃避防制法」，不可獨厚電力部門。

〔註 18〕 《日》11763-1933-s8.1.6-3，〈臺灣電力だけは別箇の問題〉。

〔註 19〕 《日》11251-1931-s6.8.8-5，〈產業の北海道を見く（六）全道九十萬キロの發電能力〉。

〔註 20〕 《日》9993-1928-s3.2.18-3，〈臺灣と內地〉。

〔註 21〕 《南新》11161-1933-s8.2.7-3，〈自ら解決の途がある〉。

〔註 22〕 奈波爾著、杜默譯，《印度：受傷的文明》（臺北：馬可波羅文化，2002 年 1 月初版），頁 113～114。1930 年代的臺灣農村有點類似 1970 年代的印度農村，奈波爾在 1970 年代到印度浦那高原附近，發現村莊只有 1 盞「螢光燈」，且是 5 年前才引進，而浦那是印度工業化的重鎮。浦那電燈普及率約 40%，每燈接續費約 27 美元，是勞工 2 個月的薪資，由於實在太貴，與當時倫敦同價，「屋內到處可見油燈，顯然是日常用品。」政府接電主要用意是農業灌溉，

　　資金結構方面，日本電力普及率雖高，但半數以上靠借款完成。1931 年統計顯示，日本電力部門資產總額 51 億圓，其中固定資本就高達 49 億圓，現金流量少、再投資比例高，是日本電力發展的特色。〔註23〕

　　長期以來，臺灣發電設備採購有集中德國、瑞士、美國的趨向，大體是 1930 年代以前，偏向德國與瑞士；1930 年代以後，偏向美國。1910 年代，臺灣前 5 座電廠採購設備（請參考「表 97」），除了龜山發電廠設備是全美國產品外，另外座電廠都是瑞士與德國機組搭配，而且原動機、水車、勵磁機都是向瑞士採購，發電機、勵磁機，則都是向德國採購。為何美國產品除龜山電廠外，就沒有繼續受到重用呢？這可能與負責工程師（如長尾半平、大越大藏）多半遊歷歐洲考察有關。

　　日本電力部門發展之初，也是以德國產品為主，這點與臺灣類似，而且關東地區長期以德國亞格邁尼公司（AGE）設備為主，奠定關東地區電壓均為 50hz 的系統規格。關西地區起步略晚，但採購以美國產品為主，電壓系統均為 60hz。日本系統規格雖只有兩種（不像英國有好幾十種系統規格），但卻造成 1930 年代電力部門「統一」的難度。〔註24〕臺灣則以歐洲規格為主，美國產品在 1930 年代才進駐臺灣，故規格的統一與否向來不構成臺灣電力發展的問題。至於瑞士產品在臺灣成為主流，此為日本電力部門罕見現象，推估與瑞士區位條件與臺灣相仿，以及臺灣總督府技師多遊歷歐洲有關。另外，總督府官員如後藤新平、下村宏、高木友枝等都留學德國，長尾半平、大越大藏也都有計劃考察歐洲電力事業，而瑞士鄰近德國，又是歐洲電力發展翹楚，臺灣初期電力發展就是以瑞士為師的結果。

## 表97　臺灣各電廠採購國別

| 發電廠名稱 | 時間 | 採　購　機　械 | 生　產　商 |
|---|---|---|---|
| 龜山發電廠 | 1903 | 主水車、勵磁機水車<br>發電機、勵磁機 | 美國 S.Morgan Smith<br>美國西屋（Westing House） |

　　　　而非電燈。對印度而言，「照明」是 1 種自娛而非需求的滿足。電燈在這裡是 1 種「現代冗餘物」，當地仍是日出而作，日落而息，夜幕一落到村莊，萬物頓息，「電燈是個無用之物」。

〔註23〕《日》11772-1933-s8.1.15-6，遞信大臣南弘，〈遞信事業の將來〉。

〔註24〕日本電氣事業史編纂會，《日本電氣事業史》（東京：電氣之友社，1941 年 12 月發行），頁 38、40。

| | | | |
|---|---|---|---|
| 小粗坑發電廠 | 1907 | 原動機、主水車、勵磁機水車 | 瑞士 |
| | | 發電機、勵磁機 | 德國亞格邁尼公司 |
| 竹仔門發電廠 | 1908 | 原動機、主水車、勵磁機水車 | 瑞士 |
| | | 發電機、勵磁機 | 德國亞格邁尼公司 |
| 土壠灣發電廠 | 1912 | 原動機、勵磁機水車 | 瑞士 |
| | | 發電機、勵磁機 | 德國西門子修克特公司 |
| 後里發電廠 | 1910 | 原動機、主水車、勵磁機水車 | 瑞士 |
| | | 發電機、勵磁機 | 德國亞格邁尼公司 |
| 日月潭第二 | 1937 | 發電機 | 德國亞格邁尼公司 |
| | | 水車 | 德國 |
| 北部火力電廠<br>（基隆八斗子） | 1939 | 汽罐 | 日本 |
| | | 汽機、主發電機、所內用發電機、配電盤 | 德國亞格邁尼公司 |

說明：時間以 1910 年代建立電廠為主。

資料來源：《臺灣時報》第 29 號，（1921）大正 10 年 12 月，土木局庶務課，〈臺灣の電氣
事業〉，頁 46～48。

《臺灣電氣協會會報》第 8 號，昭和 11 年 12 月（1936 年 12 月），頁 23～24。

《臺灣電氣協會會報》第 15 號，昭和 14 年 5 月（1939 年 5 月），〈臺灣電力北
部火力發電所工事概要〉，頁 72～73。

　　1930 年代，日月潭計劃的發電機向美國奇異公司（GE）訂購，因為日本
無法製造這種重達 110 噸的發電機。〔註25〕日本每年進口電力設備達 700 萬
圓，雖然有若干國產能力，但仍受限長期的使用習慣，舶來品仍是採購的主
流。〔註26〕直到 1940 年代，日本在鴨綠江上游的電廠已採購國產設備（單機
10 萬 kw 發電機），並在水壩高度上，以 108M 超越美國胡佛水壩，堪稱「世
界第一」。〔註27〕

　　1930 年代，日本推行「愛用國貨」運動，並由政府機關招標率先響應，
但日月潭計劃設備採購卻違反政府一貫主張，竟向德國亞格邁尼公司下訂

〔註25〕《臺灣遞信協會雜誌》第 137 號，（1933）昭和 8 年 6 月，AB 生，〈日月潭工
事見物遇感〉，頁 16。奇異公司出產單機裝置容量 2 萬 kw 發電機，日本工業
水準只能做出單機裝置容量 1 萬 kw 的發電機。

〔註26〕《日》5433-1915-t4.8.6-1，〈電氣檢定制定〉。

〔註27〕日本電氣事業史編纂會，《日本電氣事業史》（東京：電氣之友社，1941 年 12
月發行），頁 69。

單，部份閣員透過遞信大臣小泉向臺灣總督表達「憤慨與抗議」，但臺電僅表示：「該公司是世界有名的大公司！」〔註 28〕外商則透過本國政府向日本外務省抗議，力圖讓問題國際化，以達到牽制日本政府的目的。〔註 29〕直到1930 年代末期，臺電新建的圓山電廠設備採購，還是德國亞格邁尼公司的產品。〔註 30〕

# 第一節　日本電力政策的發展

電力事業的性質究竟是什麼？是地方事業還是國家事業？這個問題對於資本主義後進國的日本顯得特別重要。日本政府始終認定電力事業是國家事業，但在日本進行大規模水力發電調查前，只有臺灣進行過大規模水力發電的調查經驗，主持者為後藤新平，執行者為長尾半平，這就是前面提及過的3,000 萬圓「水利計劃」。這個計劃的精神，透過後藤新平，影響日本電力政策的制定，這就是臺灣經驗的輸出。

## 壹、臺灣經驗的輸出：日本全國水力發電調查

根據日本電氣局長肥後八次所述，日本在 1900 年代以前的水力發電基礎幾乎是「零」，直到後藤擔任遞相後才有轉變，連帶也提升了遞信省在內閣部會中的排名，只因為後藤的「臺灣經驗」。後藤認為：電力悠關民生，如果放任私人資本開發，將來必貽禍百年。肥後認為後藤在臺灣水力事業的成功，完全基於後藤個人對於電力事業本質的洞悉而達成，擔任遞相後，乃將臺灣經驗擴大。〔註 31〕

日本最早的水力電廠是 1891 年參考美國經驗興建的琵琶湖電廠（位於京都），但各發電機無法並聯發電，只屬「試驗」性質。臺灣則在 1903 年就有比日本更先進的龜山水力電廠，日本則在 1907 年才有駒橋水力電廠，當時臺灣已開始利用水力電廠及高壓輸電展開市場營運。到了 1910 年代，臺灣與日

---

〔註 28〕《日》10770-1930-s5.4.11-2，〈トイツに註文〉。
〔註 29〕《日》10852-1930-s5.7.1-7，〈外國商大恐慌〉。
〔註 30〕《日》14014-1939-s14.3.23-2，〈北部火力發電所〉。
〔註 31〕鶴見祐輔，《後藤新平》（東京：後藤新平伯傳記編纂會，1937 年 10 月發行），頁 73～74。後藤對日本電力發展另一貢獻是制定「電氣事業法」，讓市場有運作的依循。

本也都展開水力電廠計劃，臺灣則在後藤主政下，北、中、南共有五座水力電廠經驗，直到後藤將臺灣經驗帶到日本後，才開啓日本電力部門飛躍性的成長。1940 年代出版的《日本電氣事業史》對後藤主持的水力電源調查計劃多所肯定，盛讚後藤的計劃是「大正時代躍進的基礎」，因爲自後藤主持遞信省後，1912 年有下龍水力電廠，1913 年有宇治、鹿留水力電廠，1914 年有女子甸、豬苗代水力電廠陸續開工（這些電廠裝置容量在 1.5～3.7 萬 kw 之間）。日本 1910 年代快速的成長，又締造自身豐富經驗，1910 年代後期的日月潭計劃，就是參考日本豬苗代水力電廠設計的。〔註32〕

　　臺灣在 1900 年代以 373 萬圓興建五座水力電廠，提供比日本市場更低廉的價格，並一直維持這個優勢到 1915 年。組織編制上，臺灣總督府作業所在 1905 年就已經是獨立部門，日本則在 1909 年才有電氣局。遞相時期的後藤有鑑於世界各國已陸續完成水力發電資源調查，日本也不能屈居人後，隨即以臺灣經驗爲基礎，參酌歐美調查經驗，著手日本全國性的水力發電調查，並由第一任電氣局長、後來升爲遞信次官的仲小路實際負責，期間議會以有干預市場之虞，刪除調查預算，經後藤極力爭取，最後以 120 萬圓預算成立「臨時發電水力調查局」。〔註33〕歸納後藤的思想，可看出當時「電力國有論」的思想特徵：

（1）發電廠規模經濟愈大，成本愈能降低，對產業競爭力幫助愈大。

（2）電力能帶動化學工業的興起。

（3）保有日本有限的礦藏。

（4）善用日本水力資源的優勢。

（5）鑑於過去私人開發只想取得水利權而暴殄國家富源。

（6）在國家指導下，將資源集約統一並提高利用率。

（7）由國家加強水力管理與取締，講求對企業誘掖利導之法。〔註34〕

　　後藤爲宣揚其理念，連續兩年於全國縣市長會議中發表談話，希望地方

〔註32〕日本電氣事業史編纂會，《日本電氣事業史》（東京：電氣之友社，1941 年 12月發行），頁 37～38、42、47。

〔註33〕《後藤新平文書》（6）-R28，〈發電水力の開發〉，頁 6。該調查在全日本選定 1000 多處進行雨量與水量的測量，於長野、金澤、松江、高松、秋田五處設辦事處，並得地方政府警察與技術官支援，因此是屬於中央與地方共同努力的全國性調查，並將成果編爲《水力臺帳》。

〔註34〕《後藤新平文書》（6）-R28，〈發電水力の開發〉，頁 1～5。

政府能夠積極配合。但 1910 年代日本電力市場已初具雛型（具備足以對抗政府的實力），民間（包含地方政府）電力部門對後藤推動的水力調查，認為有國家力量干預市場之虞。為此，後藤特別表明「本調查沒有妨礙民業之虞，而是有助將來地方繁榮之資。」〔註 35〕後藤在臺灣能夠如魚得水地推動電力政策的理想，是因為臺灣缺乏市場力量的制衡。但在日本，後藤必須修正理想才有落實的可能。

後藤認為電力發展的模式先是電燈，繼則各種民間或官方主導的重點產業，並認為國家有責任主導、獎勵各種工業的發展。〔註 36〕在後藤的思想中，產業發展與國家政策關係較緊密，與民間自行發展較疏遠。

負責調查的遞信省次官仲小路當年負責鐵路國有政策時「備受排謗」，但對於主持全國性調查頗有經驗。這次為了免除外界疑慮，落實調查的信度與效度，仲小路特別要參與人員「同心一體」，不分職位高低，不問任職先後，為國家完成此調查。仲小路說水力發電就是人體的血液一般，日本的「血液量」（降雨量）是歐洲的兩倍，若不「教育指導」將會「自甘墮落」。由於仲小路在擔任土木局長任內，提倡枯水期提高水資源運用之法，對此感受特別深刻，特別是水利事業有發電、防洪、蓄水等多重附加價值，是最值得投資的公共工程。而且現在不做，將來天災還是要付出慘重的代價，社會成本的損失遠高於建設經費，而且災害會週期性發生，水利開發卻可享永久之利。〔註 37〕為此計劃，仲小路還於 1910 年底到歐洲考察，回國後更加深信未來世界趨勢就是「電氣化」，那個國家在電氣化進程領先，將決定在國際上扮演的份量。

日本在 1911 年成立的「臨時水力發電調查局」與臺灣在 1907 年組織的「臨時臺灣工事部」同質性很高，只是後者在更少的資源下，增加築港、土木、埤圳等業務。由於臺灣經驗的啟發，儘管經費有限（只編列兩年），但調查結果令仲小路「十分滿意」。〔註 38〕

調查結果請參考「表 98」，顯示日本還有 172 萬 hp 的發電量可供開發，由於調查十分艱辛，仲小路特別分享測量隊的實際困難，希望得到社會輿論

---

〔註 35〕 《後藤新平文書》（6）-R28，〈發電水力の開發〉，頁 6。
〔註 36〕 《後藤新平文書》（6）-R28，〈發電水力の開發〉，頁 12～13。
〔註 37〕 《後藤新平文書》（6）-R28，〈發電水力の開發〉，頁 15～18。該調查共派出 62 班測量班，為期 5 年的大型調查。共調查 128 條水系，449 條河川，測量地點 861 個。
〔註 38〕 《後藤新平文書》（6）-R28，〈發電水力の開發〉，頁 40～41、56～57。

的支持,爭取下年度經費。〔註39〕可惜這個爲期五年的計劃,在第二年因內閣更迭而終止。〔註40〕整個調查讓日本政府更瞭解全國水力發電資源的分佈,奠定日本電力事業發展的基礎,民間業者更依此申請電源開發計劃,受益最多(節省自行調查的成本)。

表98 日本全國水力發電調查結果

| 類 別 | 發電容量(hp) | 地 點 數 | 馬力數(hp) |
|---|---|---|---|
| 第一種 | 200～500 | 194 | 67562 |
| 第二種 | 501～1000 | 237 | 161250 |
| 第三種 | 1001～5000 | 369 | 745246 |
| 第四種 | 5001～10000 | 40 | 278303 |
| 第五種 | 10000 以上 | 21 | 468441 |
| 計 | | 861 | 1720802 |

說明:此數據爲1910年代數字。

資料來源:《後藤新平文書》(6)-R28,〈發電水力ノ開發〉,頁152。

從這份調查報告中,發現日本最佳的發電規模爲 1000～5000hp,5000hp以下發電地點更佔全部發電地點的 93%,而開發這種發電量的最佳資本額只需50～100萬圓的公司即可勝任,所以大型電力公司在日本向來就不是主流,地方因地制宜的中型公司,才是日本電力發展的主流。臺灣則以單一超大型的臺電獨佔市場與電源開發,本質上是與日本經驗背道而馳的,而且臺電龐大的資產規模並無法觀照地方自發性的需求,反因資源集中臺電,對地方需求的敏感度非常遲鈍,總督府又不允許地方自主發展,一旦臺電陷入困境,全臺的電力發展也受牽累。

日本在參考外國經驗時,實際上只選取對其政策推行有利的部份,不利的部份就預先排除,視而不見。譬如對於瑞典引進外資,及國有政策不代表

〔註39〕《後藤新平文書》(6)-R28,〈發電水力の開發〉,頁154～155。仲小路特別指出仙臺支局第三測量隊在懸崖中垂繩而下,或乘吊籠渡河。札幌支局第一測量隊每次到實測點要步行 3 天,忍受沙塵泥濘,加上當地爲無人居住地帶,實測隊只能住在伐木工人的小屋中生活,零度以下的氣溫,連測量儀器都會結冰,種種困難,難以想像。

〔註40〕鶴見祐輔,《後藤新平》(東京:後藤新平伯傳記編纂會,1937 年 10 月發行),頁 79～80。

民間不准經營，甚至英國有 57%的電力公司由地方經營的實況，皆點到為止。甚至瑞士只有日本九州那麼大，瑞士經驗是否能適用於日本？在日本電力國有論中，常可看到這些「選擇性」的論述。〔註41〕

臺灣的電力政策是 1930 年代後期日本「電力國有論」的預演版，從 1920～1930 年代，日本對臺灣電力政策無所評論，但到了 1940 年代，突然稱讚臺灣電力政策的優越性，因為臺灣總督府預見了日本市場後來發生的問題，臺灣的獨佔政策，竟是臺灣總督府未雨綢繆的「遠見」。〔註42〕事實上，臺灣是在市場力量未凝聚前，就被政策阻絕在市場之外，但真實的歷史常隨著不同時代的意識型態，由權力掌控者主觀截取、複製與詮釋。

基本上，1900 年代的臺灣總督府不可能「預見」三十年後的日本電力市場走向與中日關係的緊張，總督府訂定的電力政策是基於保護獨佔，避免因競爭造成重覆投資的資源浪費，基本上與日本「電力國有論」思想系出同源，都是為了壓縮日本這個資本主義後進國發展的時間。所不同者，日本的市場力量從未受這種思想的掌控，臺灣與日本因政策不同，各自發展出自己的特色。

1930 年代，英國工業界興起「獨佔運動」，但僅限於重工業、機械製造、纖維工業、化學工業，而不包含電力部門，因為英國的電力部門「有三分之二屬地方自治體經營之企業，獨佔運動並不發達。」〔註43〕日本「電力國有論」的訴求顯非世界趨勢，而是一種主觀的政策宣傳品。

日本電力政策僅只於政府對民間電力部門的「監督」，核准申請者興建電廠之日起，「若申請者不於期限內著手，則失其效力。」另外是不准申請者將准許的開發案轉售牟利。換言之，日本的電力政策是「防弊」，臺灣則是「防競爭」；日本是「監督市場」，臺灣是「干預市場」，出發點不同，影響也不同。〔註44〕

〔註41〕 《後藤新平文書》（6）-R28，〈發電水力の開發〉，頁 72。電力國有政策要視該國擁有資源與國土面積、人口而定，日本選擇的瑞士，其國土只有日本九州那麼大。

〔註42〕 《松木幹一郎》，頁 176～177。

〔註43〕 《外交時報》第 596 號（1929）昭和 4 年 10 月，山村喬，〈イギリスに於ける獨占運動の發展〉，頁 310。

〔註44〕 《日》6932-1919-t8.10.2-5，〈發電力增加策〉；《南新》7797-1923-t12.11.9-5，〈本島事業之合併〉；8453-1925-t14.8.26-2，〈福澤桃介氏の電力國營意見書〉。

　　無論日本政府或臺灣總督府，對電力政策都有思考上盲點，因爲政府認爲自己有責任防止民間的投資浪費，但難道民間投資者不會自行評估投資利弊？這也是日本政府提案到議會後經常受到杯葛的原因。日本市場雖然競爭，但業者比政府更擔心重覆投資與資源浪費問題，在「利潤極大化」前提下，市場會自行整併。日本電力市場雖然有所謂的「五大電力」，但資本額也未超過市場全部資本額的 50%，也從未有一家大型公司主導市場。1930 年代後期，日本政府強化資源運用的論點提高到準戰爭體制的位階，電力被規劃爲軍需生產的一環。以往的電力政策的訴求從經濟觀點提升爲道德訴求更高的國家政策，以往業者抵制是「不配合」，現在則是「不愛國」。在逐漸升溫的政治意識型態動員下，國家力量才得以突破業者的防衛圈，直接介入市場機制，並成立「日本發輸電會社」揭開國家管制的序幕。

　　總督府電力政策對於消費者權益的關注遠不如市場掌控力的維持。當然，獨佔市場並非一無是處，但在長期獨佔體制下，企業最重視的「效率」、「成本」、「速度」，無一落實，造成電力這項新能源融入臺灣社會的過程顯得特別崎嶇而漫長。

## 貳、日本「電力國有論」的政策演進

　　1910 年代，日本市場力量已相當茁壯，業者可透過民意代表在議會推動（或否決）提案，如 1910 年政府提交眾議院審查「電氣事業法」第六條有關「費率需經主管機關同意後實施，變更時亦同。」該條在議會審查時，議員認爲有干預市場之虞而刪除，此後伴隨市場力量的擴大，日本政府想要通過任何國家力量主導的提案，往往在議會受阻，只能不斷與議員交涉，直到 1931 年「九一八」經貴族院表決通過。〔註 45〕日本強大的市場力量與政府提案在議會中的阻力，可見一斑。

　　1910 年代東京市因爲「三電競爭」過於激烈，政府出面協商三家公司能劃分營業區域，但這是政府的協商而非干預，但各家電力廠商生產成本不同，各擁政治資源在檯面下運作，不可能接受齊頭式平等的安排，政府的協商也不具法律效力，東京市長阪谷芳郎甚至因擺不平各方利益而辭職下臺。〔註 46〕

---

〔註 45〕 東京市政調查會，《本邦電氣供給事業ニ關スル調查》（東京：該會，1932 年），頁 219～221。
〔註 46〕 《阪谷芳郎：東京市長日記》（東京：財團法人尚友俱樂部，2000 年 3 月出版），

基本上整個 1910 年代是個競爭的時代，配合低耗電的鎢絲燈泡與水力電廠開發，市場規模快速成長，政府基本上是站在協商的立場謀求供給面的最大交集，「電力國有論」還停留在觀望階段。

1920 年代，遞信省研究「電力國有論」優缺點後，認爲由政府掌控電力發展「利多於弊」。〔註47〕但遞信省內部卻有正反不一的看法，社會也提供一個公共政策的討論空間。由此可看出日本電力政策有較充裕的討論，也有政府內部的交流，更有市場與政府的對話。同樣是「電力國有論」，臺灣與日本的政策內涵與形成機制大不相同。

「反對派」以遞信省電氣局長肥後八次爲中心，他認爲政府沒有足夠資金去執行「電力國有論」，如果要執行的話，東京地區就要編列 2,400 萬圓收購（全國則要 30 億圓以上）。而且市場不可能由政府去滿足，民間的經營效率比政府要高，因此「國營論」是種理想，「實現至難矣」。〔註48〕特別是肥後是後藤新平擔任遞相期間的重要政策幕僚，其觀點相當程度代表一般技術官僚的看法。〔註49〕

「贊成派」以電氣局業務課長中村太郎爲中心，他以美、英在 1920 年代發展趨勢爲例，認爲市場成長到一個程度後，國家力量介入能提高營運效能（包含提供更低廉的電價），讓日本產業升級速度加快。他認爲「電力國有」是當務之急，至於政府要用「監督」還是「直營」的方式，屆時還有討論的空間。〔註 50〕中村以美、英電力發展的經驗爲例，不一定有參考性，因爲趨

---

頁 656。

〔註47〕《南新》7568-1923-t12.3.25-3，〈電氣國營說の實際化〉。1923 年，在日本喧囂數年的「水電國營論」塵埃未定，但正反意見慢慢浮現輪廓，國營的優點如下：（1）水力發電經費比一般物價指數要高，但費率卻不能連帶提高；（2）與一般工業及化學工業相較，電力事業受景氣影響少，且資金調度困難，無法同步跟上市場擴張；（3）地方稅等賦課加重電力事業財務負擔（如電桿稅、水利使用費），與費率逐年調降有結構性矛盾，今後若繼續增稅賦課，毋寧歸爲國營；（4）鐵路電氣化將來會增加電力部門負擔，跨公司的聯絡應以國營型態較適當。缺點爲：「政府對收購各電力公司方法、估價、收購資金來源，困難最大。」

〔註48〕《南新》7633-1923-t12.5.29-3，肥後八次，〈困難を伴ふ電氣事業の國營〉；8451-1924-t14.8.24-2，〈憲政會で調査した〉。

〔註49〕鶴見祐輔，《後藤新平》（東京：後藤新平伯傳記編纂會，1937 年 10 月發行），頁 72。

〔註50〕《南新》7630-1923-t12.5.27-3，中村太郎，〈電氣事業の統一其機運將に到達せんとす〉。

勢一直在演變，所謂參考外國經驗往往流於主觀的擷取。權力架構下的科層體制中，國家力量「介入」與「干預」的界線愈來愈模糊化了。

遞信省電氣局長與遞相看法不同，電氣局內的業務課長與局長看法又不同，日本的政策討論能跳脫官僚體制中權力位階的侷限，十分難能可貴。而肥後八次與中村太郎唯一交集就是認為日本電力發展還未達成熟期，具體管理方法還有商榷空間。

整個 1920 年代，「電力國有論」還停留在政策理念的討論階段，未有具體措施，但民間廠商的力量經過十年競爭，已經更加茁壯，政府掌控的難度愈來愈高，最後只能先從「技術面」尋求統一，建立一個統一的「輸電平台」（規格一致的高壓輸電網）。日本政府的構想是成立一家輸電網公司專責其事，由這家公司將全國主要變電所相互聯結，預估經費要一億圓。基本上，這個構想的實踐還是由民間廠商自然兼併而成，也獲得日本朝野跨黨派的支持。〔註51〕

日本大同電力社長福澤桃介認為，政府若要強化管理機制，成立一家輸電公司是可行的，但要先出資 6 億圓，收購大同、東北、宇治川、東電等四家公司的高壓輸電線，並保證四大公司每年最低股利在 8% 以上，經過幾年運作後，再移歸國營。這種看法，與其說是贊成，不如說是讓政府「知難而退」，因為「五大電力」只願將「未開發電廠案」交給政府，而不是將現有設備移交。〔註52〕雖然遞信省是各電力公司的監督機關，但各電力公司仍是自主經營，對政府的要求，總能消極回應。臺灣方面，總督府能以「臺電令」控制臺電的人事與財務，而且臺電有求總督府援助之處甚多，對總督府的要求，最多只能「消極配合」，這是日本與臺灣的差異。

日本「電力國有論」的政策辯論，到 1929 年已愈見其急迫性，遞信省組織「臨時電氣事業調查會」，準備向議會提出修訂後的「電氣事業法」，其中有一條是：「准許電力公司對劃定區域內『獨佔』市場。」案子到議會後引起很大反對，「議論沸騰」，東京與大阪業者反對尤甚，東京的「工業團體聯盟」更以消費者權益將受損而表示反對。因為該條正案若通過，東京、大阪地區的中、小型電力公司將無力與大公司競爭而被迫合併。〔註53〕

〔註51〕《南新》8366-1925-t14.5.31-1，〈供給の圓滿〉。
〔註52〕《日》10060-1928-s3.4.25-3，〈京市電燈の電力統制案〉。
〔註53〕《日》10346-1929-s4.2.7-6，〈供給區域獨佔が問題となり議論沸騰〉。

日本議會爭議的「區域獨佔權」修正案，臺灣早在 1903 年就已施行，每家電力公司都是區域獨佔，因為「區域獨佔權」始終是總督府奉行的準則。臺灣與日本官方強調的都是保護消費者權益，但日本廠商反對的原因也是保護消費者權益，似乎沒有人可以回答消費者的真正權益，究竟在那裡。

日本規模最大的東京電燈，允許美國資本投資，並進入董事會參與決策，東京電燈也藉此學習外國經營的長處。〔註 54〕臺電則以法令規範，不准「非帝國臣民」的自然人或法人持有臺電股票，視外國資本「入侵」的結果，使臺電缺乏外國資金與技術的挹注，造成發展的遲緩。

1931 年「九一八事變」後，電力政策出現重大轉折，政府動員大財團介入電力市場整併工作，三井銀行身為日本電力與東京電燈大股東，慫恿兩大公司走向合併，一時間頗有成效。〔註 55〕同年九州水力與九州軌道合併，「互補增進產業結構調整」。〔註 56〕京都、大阪地區由四家公司約定「互不侵犯，利益均霑。」〔註 57〕隔年，日本政府又修訂「電氣事業法」，闡明電力與國家的緊密關係，並成為 1934 年「發輸電統制」法案基礎。「五大電力」成立「電力聯盟」，共同採購中國撫順與朝鮮南部的煤碳，藉以降低成本。〔註 58〕

基本上，「九一八事變」是日本侵略中國引發的衝突，還不足構成電力部門的外部壓力，當年的各種協定有如曇花一現，因為毫無強制性，經不起自由市場誘發而被一方所破壞，於是時時協議，時時破壞，市場仍呈現高度的自由性。〔註 59〕日本關西地區還是陷入自由競爭的「一片混亂」。〔註 60〕真正最需要整合的宇治川與大同電力，仍在市場上自由競爭。〔註 61〕直到 1932 年，在政府與銀行團更努力動員下，勉強將「五大電力」整合成空泛的「電力統制聯盟」。〔註 62〕當時藏相高橋是清就表示，電力雖是國家事業，但管理電力部門並非他一人所能承擔，需要各金融機關及財經領袖的配合方能克竟全

〔註 54〕 《日》11067-1931-s6.2.4-4，〈電力統制氣運漸進展〉。
〔註 55〕 《日》11254-1931-s6.8.11-5，〈東電と日電と妥協成立〉。
〔註 56〕 《日》11212-1931-s6.6.30-2，〈九州水力と九州軌道の合併〉。
〔註 57〕 《日》11278-1931-s6.9.4-5，〈電鐵と電力と合理分配協定〉。
〔註 58〕 《臺灣電氣協會會報》第 8 號，昭和 11 年 12 月（1936 年 12 月），〈最近一ケ年に於ける本邦電氣事業界の展望〉，頁 50、55。
〔註 59〕 《日》11255-1931-s6.8.12-5，〈東電、大同との協定を破り〉。
〔註 60〕 《日》11257-1931-s6.8.14-5，〈關西電力界の混亂東邦の關西侵入に對し〉。
〔註 61〕 《日》11259-1931-s6.8.16-5，〈各務氏歸朝と共に電力統制促進〉。
〔註 62〕 《南新》10871-1932-s7.4.21-1，〈電力統制に聯盟を組織〉。

功。〔註63〕因此單靠政府各部會的努力，還無法掌控電力部門的發展。

　　1930 年代初期日幣貶值，電力部門受外債利息重壓，還要擔心外資順勢進入日本電力部門。也因日幣貶值，加深電力部門與政府的依存關係，降低政府介入電力部門的「門檻」。〔註64〕臺灣則在日本嚴防外資介入情況下，以美國資金重啓日月潭計劃，並在「五大電力」減發股利，改善財務結構同時，臺電仍堅持每年至少 6%現金股利政策。〔註65〕從股利與資金運用上來看，臺灣與日本就像兩條平行線，彼此沒有交集。

　　在外債的運用上，臺電外債總額約與大同電力相當，東電外債額雖爲臺電的三倍，但其市場規模也超出臺電三倍以上。莫怪當時臺電被稱爲「外債王」，正顯示臺灣市場無法提供充沛資金的窘況。〔註66〕

　　1937 年中日戰爭爆發前夕，國家力量對電力部門的壓力加大，民間廠商一反先前態度，積極參與協商，以便在政策形成中取得有利位置。但必須注意的是，此時期的「電力國有論」內涵已有重大轉變，政策焦點從「消費者權益」往「國家權益」移動；主導單位不是「遞信省」而是「軍部」；法源依據不是「電氣事業法」而是「電力國家管理法」。伴隨政黨政治消退，電力部門以往抗拒國家力量的立足點也失去憑藉。甚至遞信省準備向議會提交的「電力國家管理法」也因政治環境變得詭譎多變及預算受軍事經費暴增排擠，主動撤回。〔註67〕

　　遞信省撤回「電力國家管理法」後，股價聞風上漲，「買氣勃發」，其中臺電、東電都創下歷史新高，顯見市場並不樂見國家力量掌控電力部門。〔註68〕但遞信省仍一本初衷，編列 30,000 圓的「電力問題再調查費」。巧合的是，在眾院質詢兒玉的，就是當年主導臺電設立的角源泉，他要兒玉詳細調查，避免

〔註63〕 大口喜六，《外國爲替管理法の機能》（東京：秀文閣書房，1933 年 4 月發行），頁 334～335。
〔註64〕 《南新》11161-1933-s8.2.7-3，〈代りに海外市場で〉；11162-1933-s8.2.8-2，〈興論となれば考慮〉。
〔註65〕 《南新》11167-1933-s8.2.13-3，〈その資金として社債〉；《日》12031-1933-s8. 10.3-5，〈日本電力の財政建直し計劃〉。
〔註66〕 《日》11529-1932-s7.5.15-5，〈借金に惱む內地電力界〉。
〔註67〕 《日》13245-1937-s12.2.8-2，〈業者の自發的に〉；13259-1937-s12.2.22-2，〈電力管理案の提否〉；13221-1937-s12.1.15-3，〈電力案の不提出〉；13224-1937-s12.1.18-3，〈漫畫〉；13268-1937-s12.3.3-8，〈電力義教兩案〉。
〔註68〕 《日》13289-1937-s12.3.24-4，〈電力株昂臺電株急起〉。

陷入「官僚獨善」的缺點。〔註69〕他完全忘了，他正是當年擔任臺臺灣總督府土木局長、臺電第一任副社長的自己，就是主導臺電設立的推手。臺電的出現，本身就是「官僚獨善」下的產物。

1937 年「電力國家管理法」的積極精神，是要提供更低廉的電力，不論供應軍需或民生用途皆然，但此法在兒玉決定延後提交議會後。議會遂改要求遞信省，慫恿小公司合併以增進效率，或抑制每年股利不能超過 8%，企圖用行政力量，加強資源的運用，而非降低民生用電成本。〔註70〕

慫恿小公司合併的具體原則，是允許一縣或一條河川，整合為一家公司，此原則稱為「一縣一社」主義。若依此進行，即使遞信省不提出「電力國家管理法」，也已達到當初「電力統制」的預設目標。〔註71〕「一縣一社」的具體落實，是讓大公司更大，滿足大公司不受政府干預的願望，並幫助大公司去「併吞」中、小公司。如東邦電力增資 1,750 萬圓，去併購區域內其它中、小公司。〔註72〕扮演市場推力的中、小型電力公司，生存空間漸漸緊縮，臺、日電力政策發展趨於一致。這個過程中發現，日本走的是臺灣最初電力政策的道路，其效果是能降低營運成本，進而降低費率，但市場也從競爭走向區域獨佔。另外，日本政府的強制力長期遭到民間的消極抗拒，不似臺灣管制的效率卓著。〔註73〕

戰爭爆發後，遞信省邀集業者召開「臨時電力調查會」。會中，電氣局長大利田表示：「有鑑於中日戰爭的進展，日本電力部門有必要加強整合，廣田內閣任內提出的『電力國家管理案』，必需根本解決。」緊接著東邦電力社長松永、宇治川電社長林相繼發言，「一致贊成」遞信省提出的「電力國家管理案」。〔註74〕此時的電力市場機制，已無法參與政策形成的過程，只能跟隨政府腳步。政府進一步主張成立「大日本電力」，所有民營水力發電機組都移交國營。〔註75〕臺、日電力政策發展至此，已呈現高度的相似性。

---

〔註69〕　《日》13290-1937-s12.3.25-1，〈電力問題は結局〉。

〔註70〕　《日》13292-1937-s12.3.27-1，〈電氣會社の配當〉。

〔註71〕　《日》13314-1937-s12.4.19-2，〈群小電力會社の合併を極力慫恿〉。

〔註72〕　《日》13317-1937-s12.4.22-1，〈東邦電力が增資地方小會社合併の準備〉。

〔註73〕　《 日 》 13390-1937-s12.7.14-2，〈 大 遞 局 管 內 の 電 燈 電 力 值 下 げ 〉；
13325-1937-s12.4.30-1，〈中小配電會社の整理統合に著手〉。

〔註74〕　《日》13857-1938-s13.10.16-5，〈電力管理準備局〉。

〔註75〕　《日》13499-1938-s12.10.21-1，〈既設水力發電所は國營に移管せず〉。

日本政府為了進一步瓦解市場的消極抵制，由調查會委員大橋指斥民間電力公司缺乏誠意。〔註76〕遞相永井則表示，管理「絕對有其必要」，現行「電氣事業法」已無法有效管理電力市場與資源調度，放任業者在錯綜複雜的利益糾纏中管理無異是空談，由國家管理「乃見適當」。〔註77〕

同年年底，「電力國家管理法」被近衛內閣視為重要政策。因為根據「電力國策要綱」，政府認為必要時可給予電力公司特權開發、租稅減免，政府有權視需要調度電力資源，限制民生用電消費。〔註78〕參與開會的民間廠商代表，曾以「集體請辭」阻礙該案的提出，但效果極為有限。〔註79〕

根據「電力國家管理法」，遞信省在 1938 年成立「電力準備管理局」，該局任務為籌備「日本發送電會社」。〔註80〕政府藉由該會社的成立（資本額7.5億圓），取得電力部門主導權，貴族院議員的風間八左衛門表示：「電力部門雖較從前穩定，但費率未必降低。」〔註81〕但不管如何，國家力量終能掌有電力部門的主動權同時，遞信省卻逐漸被「邊緣化」。

1939 年，遞信省已無力主導電力政策走向，主導權在海、陸軍代表參加的「電力動員委員會」，法源依據也從「電力國家管理法」加上「國家總動員法」第八條，依產業重要性排定供電的順位。〔註82〕日本電力政策發展至此，已盡入國家力量之手。

日本實施電力管制的最佳時機是 1910 年代初期，但第一次世界大戰讓電力部門加速茁壯，1920 年代更是倍速成長，電力部門的利益衝突已無法允許政府介入市場運作。1931 年的「電力國有論」源於世界經濟不景氣，1937 年的「電力國有論」則是根源於軍需工業的需求，前者是由下而上的推進，後者是上而下的引導。日本電力政策隨時與市場對話並不斷調整，電力部門是在面臨極大外壓下，才使市場聲音消失，臺灣則是訂定基調後就不曾改變。日本廠商扮演的市場力量，一直抵抗到日本政黨政治消退，臺灣則長期缺乏

〔註76〕 《日》13528-1937-s12.11.19-1，〈電力業者の反對は不當〉；13530-1937-s12.11.21-3，〈電力國家管理案來議會には提出〉。

〔註77〕 《日》13530-1937-s12.11.21-1，〈電力國家統制は絕對に必要〉。

〔註78〕 《日》13557-1937-s12.12.18-1，〈電力國家管理案閣議で正式採擇〉。

〔註79〕 《日》13565-1937-s12.12.26-2，〈糾紛の電力案遞信省も民間も戰線へ〉。

〔註80〕 《日》13791-1938-s13.8.11-1，〈發送電會社出資設備を公告〉；13497-1937-s12.10.19-1，〈通常議會に提案臨時電力調查會初會議で〉。

〔註81〕 《日》14077-1939-s14.5.26-2，〈發送電創立後の內地電力界は安定〉。

〔註82〕 《日》14154-1939-s14.8.11-2，〈配給順位を設定する〉。

市場力量的主體性。因此當臺灣總督府也淪為日本軍事動員一環時，電力政策也淪為被支配的一部份。即使戰爭時期的日本，政府也只能掌控火力電廠與輸電部份，民間廠商雖被迫配合政府政策，但仍保有自身主體性，直到 1939 年才被「國家動員法」賦予的國家力量摧毀。

## 小　結

後藤新平對電力政策的洞悉，加上土木局長長尾半平的規劃，奠定了臺灣電力政策初期的成功，增強了後藤對此政策的信心。唯這個政策是以 375 萬圓興建五座水力電廠的成功經驗，基本上與市場並無互動關係，市場也沒有力量與總督府對話。但 1910 年後藤擔任遞相後，卻將臺灣的電力經驗帶到日本，先提出了全國性的水力發電資源調查，但畢竟日本不比臺灣那般順利，市場利益團體的強大力量，讓政府不得不與之協商，修政電力政策的落實，並從監督立場上訂定規範，而不是像臺灣一樣介入市場運作。

日本政府要介入市場，並需要到 1939 年後以政治意識型態壓制市場的不同聲音，才得以成立輸電線的聯合管理機制。但此時的時代背景是軍部勢力抬頭，政黨政治壽終正寢，「電氣事業法」被掌控力更強的「電力國家管理法」與「國家動員法」取代。如果將後期的軍需生產導向忽略，日本的電力政策大體保持「政府監督、民間自主」的平衡態勢，雖然後藤有意將臺灣電力政策的部份因子注入日本市場，但因兩地市場生態迥異，日本政府雖有行政權，但立法權卻由議會決定，臺灣經驗只有部份能適應日本市場而存活。此更突顯臺灣總督府行政、立法雙權集於一身的特殊性與臺灣市場規模狹小的侷限性。

## 第二節　臺灣電力政策的發展

臺灣電力政策在總督府作業所時期就是「一元論」，北部以臺北，中部以臺中、彰化，南部以高雄、臺南等五個城市為中心，全歸官營。直到 1912 年起，以新竹地區為嚆矢，陸續開放作業所無法兼顧的地區給民營電力公司。電力政策的維繫是以法律保證總督府將來「收購權」達到電力一元化的目標，正如記者所言「本島經營電氣事業，在創立當時，皆附有將來由官買收之條件。」〔註83〕總督府行政權、立法權雙管齊下，確立臺灣電力政策的權威性。

〔註83〕 《日》6473-1919-t8.3.27-2，〈電氣事業現況〉。

**表 99　電力公司各項業務主管單位**

| 層　級 | 申　請　內　容 |
|---|---|
| 臺灣總督府 | 公司債償還、理事兼職，社長、副社長、理事、監事任命，利益金處分、公司債籌募、電力設施使用許可、美國外債償還、股金繳納、工程設計變更、工程施設許可申請、電廠停用申請、增資許可、章程變更、合併許可、資本額增加。 |
| 地方縣市政府 | 溪水佔用。 |
| 法院 | 公司債償還變更登記、資本額增加登記、理事退職登記。 |

資料來源：臺灣電力株式會社，《營業報告書》（1919～1944）。

第一次世界大戰期間，用電需求激增（國際油價上漲，泡沫經濟繁榮），總督府在官營計劃無法如願情況下，遂以「臺電令」確保臺電的掌控權，延續一元化電力政策，並以臺電為核心，逐步兼併各公司。1920 年代日月潭計劃的中挫，對既有政策也不構成鬆動，並成為臺灣電力政策的基調。換言之，電力政策在不同時期雖呈現不同面貌，但獨佔性質始終如一。

根據遞信部長戶水昇講法，1903 年收購臺北電氣改為官營的決定，是兒玉總督的決定。並說兒玉總督之政策，就是 1930 年代日本電力國營論的先聲云云。種種後設與合理化，將兒玉美化為電力政策的遠見者。〔註84〕

1900 年代，長尾因負責水利開發連帶觸及電力事業，他認為「臺灣河川水量雖少，而流勢則如瀑布，水力電氣，利益之大，固不待言。」而且長尾對臺灣整體水資源有精闢見解，常舉辦演講，聽眾多為總督府高官與民間重要士紳，跟後藤新平關係良好，是罕見的政治型技術官僚，而在臺灣建立水庫式水力發電計劃，據說是後藤新平的構想。〔註85〕

臺灣電力政策的依據，大部份是主政者思想的延伸，而缺乏市場的實際經驗，甚至總督府參考的日本經驗，基本上還未達到成熟期；借鑑的外國經驗，也是選擇性的表述。基本上，電力政策受人治思想的形塑比日本還要直接。

---

〔註84〕《臺灣遞信協會雜誌》第 191 號，（1938）昭和 13 年 2 月，戶水昇，〈熱と光と電氣より見たる臺灣〉，頁 6。

〔註85〕《日》1848-1904-m37.6.30-4，〈臺灣電力之所供給〉。長尾表示：「余等聞後藤長官，有意堰止本島山間之溪谷，築為大儲水池，以為水力電氣之用。余等因循此方針調查之，其調查之進行與長官之意見，有大相吻合且確當者，是化臺灣為一大電氣世界之圖，不可不謂有厚望也。」

作業所時期，電力監督單位就是作業所自身，1919 年臺電設立後，因作業所已不存在，故由土木局管轄。1924 年交通局成立，移由該局遞信部庶務課管理，1929 年遞信部內新設「電氣課」專責其事。〔註86〕從「表 99」可以看出，臺電各項業務的主導權，皆在總督府，而不是地方政府或法院。

### 圖 64　宜蘭電氣合併廣告

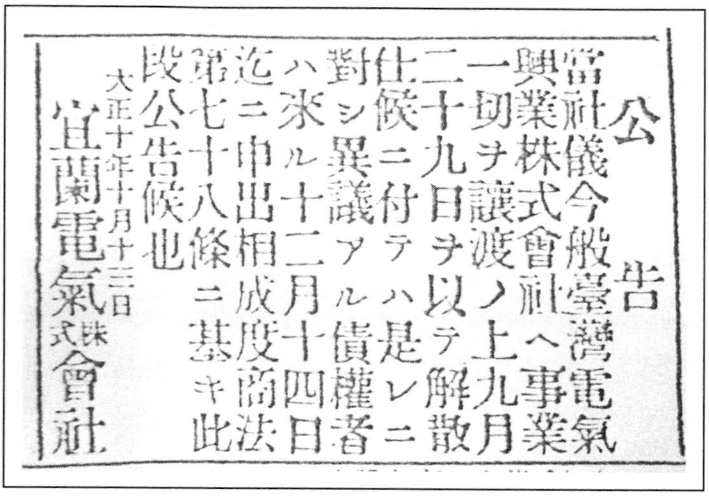

> 說明：1910 年代，宜蘭地區本有一家宜蘭電氣在經營，但 1920 年自
> 　　　從臺灣電興出現後，宜蘭電氣被迫合併，從此消失無蹤。這就
> 　　　是臺灣電力政策的獨佔性，不許同一區域有競爭出現。
> 資料來源：《日》7680–1921–t10.10.14–6，〈廣告〉。

就電力供應的經濟規模而言，1914 年以前，歐美的電力供應由消費者自行籌設發電設備比例遠高於單一大電廠的供應，符合這個趨勢的國家有美、英、德等三國，顯示電力事業是地方自發性需求的基礎。第一次世界大戰以前，各地業者就發現結合更大的發電規模，可以讓生產成本得到合理化的降低，戰爭則加速了這個由下而上的進程，美、德相繼開發更大經濟規模的新電源，雖然這種想法卻引起各種社會上與政治上的爭論，但卻隨軍需產業需求而消失。在美國，這種構想將打擊許多既存廠商的利益，爭議的焦點在於聯邦政府是否應該控制電力市場的供應，而政府的管制也開放民間資本的合作與分享，主體是「服務」，而非國家權力場域的延伸。在德國，這種想法化

---

〔註86〕《臺灣遞信協會雜誌》第 161 號，（1935）昭和 10 年 8 月，〈電氣及瓦斯事業〉，頁 37。

為地方政府與民間廠商跨縣市的整合趨勢，也非由國家來掌控。在英國，因為市場有 642 家廠商，44 種電壓規格，為了加強管制，成立「中央電力部」（簡稱 CEB）電力政策由國家決定，缺少地方商議的過程。〔註 87〕臺灣市場雖然也有由下而上的要求，但因為政策阻礙廠商進入電力市場，資源分配與新電源開發規模，只能由官方定奪。總督府所宣稱參考各國發展趨勢，其實只是歐美對電力政策爭議未決的過程而已。而美、德、英等三國中，只有英國的電力政策最像臺灣，而英國在三國之中，電力化的腳步也最慢。

1910 年代總督府陸續開放六家民營電廠，看似是對市場管制的鬆綁，實則都附以時限的特許經營權及「收購條款」，開放只是等待統一來臨前的「權宜之計」，電力一元化思想一直是臺灣電力部門理所當然的主流思潮。電力政策掌控權在總督府，臺電只負責執行，故就權力的掌控性而言，總督府才是電力政策主導者，而非臺電。臺灣的民營電廠裝置容量都不大，只有臺電裝置容量的 1～10%而已，隨時可視政策需要加以併購，管理難度比日本市場容易的多。〔註 88〕

各民營電廠在總督府「權宜之計」下開放民營，但並未形成足夠的市場力量，總督府仍希望「將來除臺灣電力供給外，別無來源。」〔註 89〕民營電廠的不同聲音，透過婉轉音調宣洩出來，嘉電社長赤司初太郎就認為由臺電合併其它民營公司，對消費者未必有利。〔註 90〕民營電廠反對合併的立足點是「消費者權益」，總督府要保護的也是「消費者權益」，雙方都把消費者權益擺第一，用來掩飾市場利益的爭逐。消費者的真正權益，反而在一來一往的政策對話中消失了。

臺灣在 1910 年以 370 餘萬圓建立龜山、小粗坑、竹仔門、后里、土壟灣等五座電廠，水力發電佔發電結構幾近百分之百，比起日本同期水、火力機組「一比四」的比率要先進，費率自然也較低。〔註 91〕這段時間累積的成功經驗，讓總督府更加確信電力政策的「正確性」，不僅否決許多地方自主性的電力投資案，更進一步蘊釀擴大官營電力政策的經濟規模，而忽略日本電力

〔註 87〕 Colin Chant,ed.*Science,Technology and Everyday Life 1870-1950*（New York．：The Open University,1990）,p.91.

〔註 88〕 《日》11277-1931-s6.9.3-5，〈嘉義電燈とも提攜し電力統制殆ど成ろ〉。

〔註 89〕 《日》11298-1931-s6.9.24-4，〈本島電力統一問題〉。

〔註 90〕 《日》11325-1931-s6.10.22-5，〈電力統制の可否は研究もの〉。赤司認為：嘉電慘澹經營十幾年才有今日局面，不是輕言能合併的。

〔註 91〕 《後藤新平文書》（6）-R28，〈發電水力の開發〉。

部門蓬勃發展的現況與臺灣電力政策規模經濟適用侷限的盲點。加上從無到有，比較基期較低，數據常有飛躍性成長（但實際影響有限），更加深總督府的自信。

臺灣電力政策的成功，來自官方龐大資金的挹注，與市場並無直接關係，一旦資金來源枯竭，政策順利運作的基礎也將消失。這與日本電力版圖與市場機制不斷互動的過程迥異，日本政府擔心的是市場秩序與規範，並不用擔心資金來源；臺灣總督府除了擔心市場秩序被破壞之外，更要不斷尋找資金挹注新開發計劃。總督府不願競爭，不一定是看到競爭的缺點，但肯定沒有看到競爭的優點。藉由競爭，可以讓市場加速起飛，各家廠商體質自發性的調整，因為若不如此，將被淘汰出局。

市場力量雖長期被總督府壓制，但臺電本身卻慢慢茁壯，堅持獨佔的立場比總督府更加強烈。1920 年代日月潭計劃的中挫，讓臺灣費率無法降低、電力不足、供電不穩。更重要的是，政策從 1910 年代的「可以選擇」到 1920 年代的「無從選擇」。因為一旦開放市場，第一個受到衝擊的就是臺電營收減少，開放幾乎等於倒閉的代名詞，雖然社會輿論為臺電想出種種辦法，如減發股利、借款、收為官營等等，到了 1930 年也都黔驢技窮，如果沒有美國外債適時挹注，臺電可能成為第一家破產的政策公司。

日治前期電力政策的成功，「資金」的重要性遠高於「政策」，爾後電力發展的順利與否，與資金流量是否順暢有絕對關係，但這並不是說，「資金」是絕對性因素，因為不同的政策，對「資金」取得有不同的關係。但從政策輸出觀察，臺電籌集了數千萬圓資金，竟無法讓市場需求獲得滿足，消費者必須付出比日本高的成本才能享有「電力化」的生活。總督府常批評日本市場因競爭而陷入混亂，對照臺灣 1920 年代搖搖欲墜的財務，不也是另一種「混亂」的呈現。

1929 年松木上臺後，利用外債挹注，完成了日月潭工程並在 1934 年加入營運。但臺灣市場經過近 30 年的封閉與無競爭狀態，市場仍停留在電燈普及率 30～35%的程度，臺電龐大利息無法打開市場需求，只能向日本重點產業招商，增加收益再徐圖發展。松木前期的臺電（1929～1936 年），不是因為政策使臺電成功，而是松木使臺電成功。各項數據都顯示，臺電在松木帶領下，營運有顯著成長，服務品質也有改善，而松木對電力事業本質的深刻透悉，其實只是將日本經驗注入臺灣市場後的成果。

　　1939 年，日本頒布「電力調整令」，臺電一方面開發新電源，一方面配合軍方在佔領區重建電力系統，臺電被編入政府動員的單位內，市場屬性大幅降低。新任社長與日本連結性愈來愈高（如加藤恭平、增田次郎），電力政策喪失自主性，成爲國防政策的一環。

　　臺灣電力政策在理念上，傾向將民間投資視爲「浸蝕體制穩定的負面力量」，因此對民間投資案，不是不准，就是強化法律優勢地位，藉以繼續掌控市場。此一傾向，比日本政府對市場的政策更加嚴格。

　　臺灣市場特性與日本不同，採取政策也不相同。日本雖然都市化程度比臺灣高，但靠都市化日本的電燈普及率無法達到 80～90%的程度，臺電宣稱臺、日都市化不同，成本各異的說法，顯然不具參考性，因爲日本不具備都市化的地區，也可以享有消費的多重選擇。

　　臺灣一開始就偏離了電燈這片龐大市場，走出屬於自己的發展模式。亦即在一個沒有電燈爲基礎的「農業臺灣」，卻要發展重工業與軍需工業爲特色的「工業臺灣」，但又不能缺乏電燈收益的補貼工業化，最後結果是因爲要發展工業化，反而抑制電燈市場的成長。如果不將戰爭時期預估在內，其實從1910 年代日月潭計劃的決策背景中，已能看到潛藏的危機與可能的發展。換言之，這是一個動態連續的過程，而不能只從 1930 年代臺灣配合日本「準戰爭體制」的分工才開始觀察。甚至每隔 10 年的人事更迭與國際政治都不一樣，政策隨時都在調整，沒有所謂的連續性可言。臺電又深受政治人物影響內部運作，無法以純市場導向決定自己的走向，尤其是人事權，當初「半官半民」的設計，利弊互見。

## 小　結

　　電力是當時的重要產業，雖然股本大，資金需求更大，且建廠時間還需與時間賽跑，但臺電得到的政策保護，舉凡資金融通、獨佔市場等優勢皆爲日本所不及。然而，臺電卻在市場長期獨佔下，逐漸喪失企業在競爭狀態中精益求精的核心價值。

　　臺灣電力政策反競爭、反外資影響總督府主導權，甚至反對日本經驗與資金進入臺灣，扶持臺電成爲政策「執行機關」。隨著時間發展，臺電堅持獨佔立場反比總督府要強烈，總督府則將電源開發任務委由臺電執行。另一方面，總督府也不時對臺電施壓，特別是高層人事部份，這種政治主導政策，

卻由臺電承擔決策風險，長期以來造成臺電獲利率下降，各地自主需求受壓抑，地方電力文化無從生根，連帶造成電力商品的窄化，臺灣除了電燈以外，幾乎沒有其它的電力商品。

　　臺灣電力政策反對外國資本進駐電力產業，但日月潭計劃在 1930 年代還是得靠美國資金重新啓動。臺灣電力政策反對日本資本介入臺灣市場，但電力部門是跨國產業，日本與臺灣都無法自外於世界發展，政策的落實性不高。〔註92〕這就是電力政策弔詭之處，一方面高舉消費者權益，一方面讓消費者承擔政策中挫的結果。電力政策每隔十年配合臺灣內外環境轉變做調整，基本上沒有所謂的連貫性，這從總督府對日月潭計劃的詮釋隨不同時代需求不斷轉換即可證明。

　　臺灣電力政策並非沒有成功之處，區域獨佔避免惡性競爭，但所謂的成功只限於 1905～1915 年間，臺灣社會確實享有較日本更低廉的電價，也有了帶動產業升級的機會。但整個日治時期歷經二十世紀的許多經濟風暴，1910 年代的泡沫經濟到 1930 年代的世界經濟不景氣，加上世界「金本位制」的震盪，日治初期的成功經驗是否適用於中、後期的發展，答案恐不盡然。因此臺灣電力政策的成功與否，應置於長時段的跨國比較上，而不是限於臺灣內部孤立的比較。

## 第三節　臺灣民營電業的提出

　　1910 年代伴隨第一次世界大戰帶動的經濟繁榮，臺灣出現第一波電力投資熱潮，只要總督府政策鬆綁，將會有另一番局面。因爲在競爭市場中，消費者可藉由選擇讓用心經營的公司得到肯定，競爭也會讓電力市場不斷升級，最後出現自然兼併與整合，官方的監督便可於此時發揮，確保電力事業的「公益性」。因此管制有兩種呈現方式，前者是維護區域獨佔，後者是尊重市場機制；前者是封閉壟斷，後者是開放競爭。

　　臺灣民營電力公的負責人，多由總督府退休高官轉任，形成一種政商旋轉門的特殊現象。由這些退休高官提出的投資案，見報率高，審查也容易通

---

〔註92〕《實業之臺灣》第 13 卷，第 1 號，大正 10 年 4 月（1921 年 4 月），永田隼之輔，〈我等は競爭敢て辭せず〉，頁 43。此點從 1910 年代到 1920 年代日本川北電氣進駐各民營電力公司並領有總督府補助即可得知，臺電理事永田就認爲臺灣電力界有川北系統影子。

過。〔註 93〕由退休高官出面統籌，有助於消弭平股東內部岐見（尤其是股權分配比例），加速籌設速度。〔註 94〕

　　1910 年代因爲總督府蘊釀在中臺灣推動日月潭計劃，影響所及，中臺灣的民間投資案都被迫凍結、合併，甚至直接否決。在這種政策思維下，全臺電力資源都由臺電掌控，臺電很難自我觀照：虛耗最多資源的就是臺電自己。根據史料顯示，因爲日月潭計劃被否決的有 1918 年小松楠彌的「中部電燈會社」投資案；〔註 95〕1919 年的「臺中電化會社」投資案。〔註 96〕在預設將來市場全歸臺電統一目標下，大部份民營電廠申請案被否決，小申請案被引導與鄰近公司合併，大容量電廠被限制或縮小容量，縮減了 1920 年代市場成長的動能。

## 壹、淺野水泥的「大甲溪開發案」

　　「大甲溪開發案」是日治時期最具觀察電力政策核心的指標性投資案，該案爲淺野水泥的淺野總一郎提出，由長尾半平實際負責。長尾雖然轉往日本發展，但他對臺灣電力政策的形成，知之甚詳，臺灣總督府與臺電的許多高階主管，當初都是他的下屬，長尾的地位幾乎等於「工程界的後藤新平」，加上他與後藤新平關係匪淺，使該案備受矚目。可惜，以淺野的財力加上長尾的人脈，仍無法衝決政策的網羅，長尾離臺後的政策顯然漸趨嚴格與僵化。

　　日月潭計劃本爲淺野總一郎所提，但爲總督府否決，1921 年淺野再提「大甲溪 10 萬 kw 計劃」，地點在「臺中州東勢郡大甲溪上游」，用途爲水泥與肥料生產。綜觀淺野 2 次申請案，規模都空前巨大，但兩次都被否決，還遭到親總督府平面媒體的質疑。〔註 97〕

---

〔註 93〕　《日》5874-1916-t5.11.8-5，〈電化工事重役〉。1916 年，臺灣電氣化學工業會社成立，「獲某有利人士推薦，以臺北廳財務課長小川要七籌辦，該氏亦提出辭呈矣。」

〔註 94〕　《日》5861-1916-t5.10.24-5，〈電氣會社成立〉。

〔註 95〕　《日》6492-1918-t7.7.19-6，〈中部電燈會社〉。1918 年小松楠彌與林熊徵計劃成立「中部電燈會社」，該公司資本額 75 萬圓，只等待總督府核准後即將動工，預計在東勢角、牛罵頭、阿罩霧、員林 4 處設發電機組，前 2 者設水力機組，後 2 者爲火力機組。

〔註 96〕　《日》6894-1919-t8.8.25-5，〈中部電燈會社〉。1919 年，中部士紳再度提出「臺中電化株式會社」計劃，欲供給牛罵頭、北斗電燈爲目的，以火力爲機組，原牛罵頭地方爲作業所計劃擴張區域，但臺電成立後，當地人希望自己成立，並已向當局提出「陳情書」，但最後仍被否決。

〔註 97〕　《日》7333-1920-t9.11.6-2，〈淺野一派の電力計劃〉。（1）該申請書指出大甲

　　從這裡可以看出，總督府面對淺野與長尾提出的「大甲溪計劃」，並無官員出面反駁，反而是不太相關的記者提出種種質疑，儼然取代了總督府的立場發言。這就是當時臺灣平面媒體的生態，官員、記者有時處於對立，有時又同一陣線，端看事件的性質與總督府運用策略而定。

　　淺野提出的大甲溪計劃，審核期長達半年以上，臺電以既得利益者的立場，反對大甲溪計劃。〔註98〕長尾利用過去人脈，安排總督與淺野總一郎會面，此時總督正好是新上任不久的田健治郎，新總督對電力政策源由還不如臺電與長尾瞭解深刻，雙方運作也格外激烈。〔註99〕臺電為了讓外界瞭解臺電是認真地準備大甲溪計劃（裝置容量 1.5 萬 kw），著手實地調查工作。〔註100〕

　　長尾不僅有權推薦昔日部屬山形要助出任土木局長，並頻頻要求總督給予開發特許權，但總督並沒有給長尾明確的答覆。〔註101〕臺電理事永田隼之輔則表示萬一局勢對臺電不利，臺電也有面對競爭的準備。〔註102〕

---

溪案比日月潭發電廠更簡單且經濟，為何總督府土木局這麼多年卻不開發；（2）該案指出基於實地調查後才向總督府提出，試問在總督府與原住民關係緊張的大甲溪上游，進入管制區要申請，什麼人到當地去「實地調查」；（3）生產水泥與肥料僅 5-6 百 hp 即已足夠，開發 10 萬 kw 要作何用途？又要如何消化；（4）日本在第 1 次世界大戰中設立許多泡沫公司，現在都陷入經營危機，紛紛合併或被政府收購，日月潭計劃 10 萬 kw 尚待消化，又增加 10 萬 kw 將陷於電力過剩的境地。開發大甲溪 10 萬 kw 需要數千萬圓資金，將如何籌措？該記者以一般常識觀察大甲溪計劃「技術」與「需求」的問題，對此計劃感到「不可理解」，且將來臺灣電力若歸於一統，准許此計劃有欠周詳。

〔註98〕吳文星等編，《臺灣總督田健治郎日記（上）》，1920 年 3 月 15 日，頁 221。總督日記載：「上午 11 時，臺電社長高木友枝來報總會併營業狀況，且述火力發電、大甲溪水電之增設及埔里電燈會社購買之希望。」

〔註99〕吳文星等編，《臺灣總督田健治郎日記（上）》，1920 年 6 月 26 日，頁 359。總督日記載：「長尾半平來請大甲溪水利電氣事業特許之事，又談山形技師土木局長適任之事。」

〔註100〕《日》7137-1920-t9.4.24-7，〈中部電力計劃〉。可惜實地調查面臨原住民衝突而中斷，實測不到 1 個月。

〔註101〕吳文星等編，《臺灣總督田健治郎日記（上）》，1920 年 6 月 28 日，頁 361。總督日記載：「淺野總一郎來請嚮長尾半平所說臺灣大甲溪水力電氣特許之詮議。」

〔註102〕《實業之臺灣》第 13 卷，第 1 號，大正 10 年 4 月（1921 年 4 月），永田隼之輔，〈我等は競爭敢て辭せず〉，頁 43。永田表示：「大甲溪計劃電力雖然充為自家用電，但與日月潭電廠的電力必難免於競爭狀態……。為一不可避免時，臺電也有競爭之準備。」

這個案子之所以受到矚目，是因爲雙方都各有雄厚資金與人脈，擁護日月潭計劃的有民政長官下村宏，臺電的高木友枝、角源泉、大越大藏等；擁護大甲溪計劃的有松本剛吉、長尾半平、喜多孝治，長尾背後還有美國資金的支持。淺野選在日月潭計劃出現危機時提出，時間點上對大甲溪案有利，而且還有前總督府高官群的策劃，及雄厚的資金，各方都開始分析 2 個計劃的優缺點，並各有支持者。大甲溪計劃是長尾擔任總督府土木局長期間，派遣大越與山形技師調查過的舊案，對大甲溪計劃早已瞭然於胸。加上還有總督府秘書官松本剛吉、喜多孝治爲該案向總督田健治郎進言，長尾估計只要1,500 萬圓，就可開發 10 萬 hp 電力，比日月潭計劃節省三分之一以上經費。正當長尾不斷遊說田總督時，以民政長官下村宏爲首的日月潭計劃派開始反撲，認爲臺灣「電力國有政策」是以故的明石總督「遺策」，總督府既然扶持臺電，就不要在市場上另外准許競爭者出現，才能維持臺灣電力政策的理想性。高木友枝與長尾半平這兩位前總督府高官，各自爲其代表的利益團體不斷施壓。〔註103〕陷入長考的田總督，不斷面臨雙方的遊說。〔註104〕

電力政策形成過程中，由總督裁示、斡旋、協調後，才會見諸於我們現在看到的原始史料，但眞正有影響力的非正式會談，卻無法從史料中一窺全豹。大甲溪開發案在臺電表達反對意見後不了了之，總督府府選擇繼續維持政策的獨佔性。其實進入電力市場的資金門檻並不高，區域分工才是造就日本市場發達的推力，但在臺灣，法令築起的高牆遠比資金門檻要難跨越。

## 貳、虎尾、斗六、北港「三郡聯合計劃」

1924 年，虎尾、北港、斗六等三郡紳民聯合陳情，希望將林內發電廠多餘電力免費供民眾使用。〔註105〕嘉南大圳負責人枝德二的回答是，應先調查多餘電量多少，再討論免費提供，而且不能獨厚三郡人民，鄰近地區都要「雨露均霑」。〔註106〕

〔註103〕《實業之臺灣》第 12 卷，第 12 號，大曾根順一，〈問題の大甲溪と日月潭〉，頁 24～25。

〔註104〕吳文星等編，《臺灣總督田健治郎日記（上）》，1920 年 11 月 6 日，頁 518。總督日記載：「高木友枝來陳述對淺野總一郎出願大甲溪電力事業抑過之希望，則指示關電力事業方針而答之。」

〔註105〕《南新》8010-1924-t13.6.9-7，〈復た又燃上つた〉。

〔註106〕《南新》8011-1924-t13.6.10-2，〈約束は出來ぬと枝氏は語る〉。

　　三郡紳民希望聯合計劃能降低構電成本，滿足各地不同的電力需求，電力則購自林內發電廠，三郡人民自行付費，自行開發，行有餘力再改善三郡的產業結構。〔註107〕其次，不滿嘉電的高費率，當地居民計劃建立四萬盞電燈，以成本價供應需求，並逐漸擴大到鄰近鄉鎮。〔註108〕三郡紳民堅持的理由是，林內發電廠由總督府補助而設立，而補助今多半收自北港、虎尾兩郡，故謂林內發電廠為兩郡人民公有物並不為過。三郡聯合計劃的理念並非營利，而是公益，此點與嘉電大不相同。〔註109〕

　　這個計劃反映長期以來獨佔體制不能關照地方需求的缺點，更重要的是，它勾勒出 1 種新型態的可能，一種跨鄉鎮、由下而上形成的共識。總督府關心的是，此計劃若通過，將挑戰總督府的電力政策，其它地分若群起傚尤，政策將為之顛覆，聯合計劃的結果，可想而知。

## 參、小規模的「電力組合」

　　日治時期核准的「電力組合」具有地處偏遠（多半在臺灣東部）、裝置容量小等兩大特徵，正因這兩項特徵不致構成政策的「威脅性」，申請案才得以通過。類似這種地方基於「公益主義」申請的案子，在日本非常普遍，但在臺灣卻困難重重。〔註110〕

　　電力組合的好處是不影響區域內既有電力公司的營運，而且「團體價」向電力公司購電，比起單一用戶對電力公司議價要低廉。另一種電力組合是不向區域內現有電力公司購電，而是自行籌資購買小型發電設備。

　　（1）「新港電氣利用組合」：1932 年 6 月，臺東新港街民發起「新港電氣利用組合」不再靠臺灣合同臺東營業處供應，該申請書於同年 5 月 28 日向臺東廳提出申請，資本額 6,000 圓，借款 4,000 圓，合計 10,000 圓，裝置 30hp發電機，電燈 300 盞。〔註111〕

〔註107〕　《南新》8011-1924-t13.6.10-3，〈虎尾商工會が發起となる〉。北港郡向來以
　　　　　地下水為主要水源，但因含太多鹽與石灰，不適合飲用，部份人需每天從嘉
　　　　　義雇水車前來，成本太高。虎尾郡則是瘧疾盛行，早已編入防過區內，加上
　　　　　虎尾郡有豐富地下水，若能開發將能造福附近鄉鎮。因此電力組合的成立，
　　　　　首要在開發地下水資源並建立自來水系統。
〔註108〕　《南新》8012-1924-t13.6.11-3，〈三郡の電力利用事業〉。
〔註109〕　《南新》8013-1924-t13.6.12-3，〈計劃趣意書の内容〉。
〔註110〕　東京市政調查會，《本邦電氣供給事業ニ關スル調查》（東京：該會，1932 年
　　　　　7 月發行），頁 115。
〔註111〕　《日》11546-1932-s7.6.1-8，〈創立新港電氣利用組合〉。

（2）「馬太鞍電氣購買組合」：1931 年 6 月，總督府准許鹽水港製糖的壽、大和兩糖廠發電設備供應給花蓮馬太鞍、壽村（花蓮縣壽豐鄉）兩家電氣購買組合，再透過組合提供電燈給兩地需要民眾。〔註 112〕這是臺灣首創在設立時沒有自己設備的電力供給事業體，比起居民自己籌資購買設備，組合這種「聚沙成塔」的方式倒是提供其它尚無電燈地區一些新的思考，鄰近地區也希望利用這種方式，讓夜間能夠從事一點副業補貼家計。〔註 113〕

從組合的型態就可瞭解，電力事業並非總督府宣傳的「國家事業」，而是「地方事業」。因為站在國家的格局上，看不到，不瞭解，更無法滿足地方自主的用電需求。

（3）「金包里電氣利用組合」：1928 年基隆郡金包里「雖前有二、三次倡議電燈設施者，終歸失敗。」此次該地方庄長賴崇壁等十數名發起，籌設「金包里電氣利用組合」，並向總督府提出申請書。發電力 15kw，技術工程由日人井上博正負責。該案因容量極小，區域限於金山地區，對臺灣電力政策不成威脅。

## 肆、地方被否決的投資案

地方的電力投資案包含自然人與法人的投資，但無論那一種投資，被否決的機會都很大。

（1）臺北市：1930 年代臺北市自來水系統中增加 500kw 發電量，臺北市本想用於照明，但卻被遞信部要求將多餘電量賣給臺電（臺北市每年可收 2.3 萬圓），再由臺電名義供應臺北市所用。〔註 114〕如果在日本，地方政府准許經營電力事業，但在管制嚴格的臺灣，沒有一個縣市能有自屬的發電設備與業務，臺電寧可用迂迴的方式維持獨佔體制，也不願看見地方公法人有自給自足的電力系統。

---

〔註 112〕　《日》11183-1931-s6.6.1-2，〈本島最初の電氣購買組合〉。各參加者要先繳20 圓，向組合購電使用，馬太鞍 16cp 每月 1 圓，24cp 每月 1.3 圓，32cp 每月 1.6 圓；壽村則只有 24cp 一種規格，每月 1.1 圓。

〔註 113〕　《日》11223-1931-s6.7.11-8，〈豐田壽兩村聯合籌設組合發電計劃〉。豐田與壽 2 移民村，計劃利用武荖溪發電 500hp，供兩村落約 1000 盞電燈之需，「現在豐田村因無電燈設備，夜間不能從事農村副業」乃與壽村籌措自產自給，預算約 3 萬圓，豐田村已達成一致意見，壽村尚在溝通中。

〔註 114〕　《日》11271-1931-s6.8.28-2，〈市と電力會社間に賣買契約の調印〉。

（2）員林：1918 年 4 月，盛產水果的員林士紳想要申請電燈，「但後里庄發電廠容量不足，不得已亦忍之。」在政府不能供應下，民間自食其力，當地古川、土居、柏等三位紳商「擬以資本額五萬圓，新設『員林電燈株式會社』以供給電力給員林街。」〔註115〕但幾個月後，總督府批示下來了，答案是：「不許可」。〔註116〕

## 小　結

　　日治時期最大民間投資案為 1920 年代淺野水泥的「大甲溪開發案」，此一開發案的意義在於，它是由臺灣電力政策第一代推動者長尾半平在幕後策劃的開發案，具有指標性的意義。民間投資案的最大阻礙不在總督府，而在臺電為維護自身利益，不願市場出現另一家廠商競爭。該案經過雙方長達半年的交涉，淺野水泥申請被否決，但臺電也沒有開發大甲溪流域的計劃。

　　虎尾、斗六、北港三郡的聯合計劃，也得不到總督府准許，能夠被准許的，是位處偏遠、發電量小的「電氣組合」，甚至地方縣市政府的自營電力，都要先賣給臺電，再由臺電提供該縣市，種種僵化措施，顯示電力政策背後的思考盲點：恐懼市場秩序失去控制，害怕市場多出閒置電量，卻忽略了這兩者才是日本市場能夠快速發展的主因。

---

〔註115〕《日》6406-1918-t7.4.24-3，〈員林電燈計劃〉。
〔註116〕《日》6540-1918-t7.9.5-6，〈中部電燈不許可〉。

# 結 論

　　以往有關臺灣電力發展的研究，對於電力政策的肯定太多，但又未能突顯臺電與日月潭計劃兩者的聯動關係與定位，尤其是對於電力發展的反思太少，這部份主要是科際整合不足，更核心的問題是原始史料的貧乏。事實上，若以臺電出基礎，連結到總督府的電力政策，才能看到臺灣電力發展的盲點與侷限，更進一步發現，國際因素與日本政黨政治，才是牽動臺灣電力發展的主因。亦即在進入二十世紀的電力全球化進程中，臺灣雖有主體性的努力，但還是在逐步融入世界發展進程中。

　　過去的研究未點出日月潭計劃是「亞洲第一，世界第七」的單一電源開發案，總督府一舉解決 1910 年代新能源轉換企圖心的投射，這是臺灣第一次利用新能源架構，思索日本、中國、南洋、臺灣等四個地區的原料、市場、區位條件的產業政策計劃，具有跨地域的新穎性與前瞻性，結果雖不盡理想，但出發點值得重視。

　　另一方面，過去研究未指出日月潭計劃起步的很晚，實際調查的時間更短，真正著手時間只有半年。其次，就政策實質效果而言，日月潭計劃對傳統米糖部門並無影響，傳統部門仍按照自己的計劃在前進。總督府對於十萬kw 電量將用在什麼產業，一無所知，有的只是一個粗略的概念，目標並未清楚浮現，如果不是後期戰爭的發生，日月潭計劃將會是一個花費最多，與社會沒有直接關係的新能源開發計劃。

　　以往研究的論點是先有臺電，才有日月潭計劃，最後是經濟不景氣而停工，這種觀點可簡化為「臺電→日月潭計劃→景氣轉壞→停工」，但細究史料發現，是先有 1910 年代的泡沫經濟，總督府才提出日月潭計劃，為了推動該

計劃，才有臺電的誕生，因此觀點應修正爲「泡沫經濟→日月潭計劃→臺電
→調查不實→停工」。修正觀點從經濟波動出發，似乎是比較貼近史實的詮
釋，因此不論臺電或日月潭計劃，都是經濟大環境下的產物。

對於臺電的組織型態，總督府有鑑於「滿鐵」幾成一獨立王國的經驗，
對財團頗有防範，但資金又非財團不可，於是不斷修正，出現「半官半民」
的臺電。當時日本中央建議總督府「不妨民營」，直到 1919 年最後再向中央
政府重提官營案未果後，才以最後半年完成臺電的籌備工作，所以自始至終，
總督府都堅持自主性的電力政策。

總督府「官營」的堅持到 1919 年 4 月才放棄，所有工作也才開始加速進
行，當時市場資金躍躍欲試，一切只等待總督府公布「遊戲規則」，爲確保將
來民營的臺電可以盡其「公益」義務，決定將作業所軟硬體設備轉換爲臺電
40%股權，確保「經營權」，並在「臺電令」中確保人事、財務、資金運用的
「管理權」，同時官股部份在一定條件下可免配股，以降低臺電財務壓力，最
後依「電氣事業法」，總督府本身就是臺電的監督機關，以確保「監督權」。
多管齊下，讓臺電的未來永遠隸屬總督府的掌控之下（到 2019 年），隨著 1920
年代消費社會的來臨，這種特殊的電力組織也不斷受到質疑與挑戰。

下村宏承繼後藤遺留的決策模式，加上 1910 年代後期不斷加溫、加熱，
倍速成長、沸騰的經濟趨勢，創造一種臺灣產業「即將起飛」的假性需求（即
實際上並不存在的需求），民間對電力需求的迫切，也壓縮總督府理性決策的
空間。

地質調查關係到成本支出多寡，故可稱爲「調查中的調查」。日月潭計劃
調查對此核心部份著墨甚少，雖然由東京帝大教授神保小虎在 1919 年初受邀
調查地質，但樣本及信度都有許多缺點，且當時日月潭計劃已經一延再延，
總督府在時間的急迫性下，忽略總督府向來以科學實證爲施政基礎的原則，
無視報告中暗示可再予充份時間進行精確調查的建議。另一方面，調查中對
水資源及規格設計、財務預算，則一面倒地呈現樂觀評估，雖然樣本只有一
年的實測數據爲基礎。

在自立更生的 1920 年代，臺電用數年時間完成了日月潭計劃復工的舉債
上限，另外靈活地運用九千多萬圓的國內公司債，「借新還舊」，讓臺電每年
增加 626 萬圓的現金流量，穩住了日月潭計劃中挫的衝擊。最後透過三井物
產的安排，臺電請來美商重新評估日月潭計劃的可行性，雖然實地調查只有

十天，但透過外商的保證，臺電挽回了市場信心與政府信賴，並開啓外債協商之門，並將話題帶到日本政界增加曝光率。

　　臺電的資金離不開總督府政治力的協助，而各種提案卻在日本議會受到質疑，特別是日本 1920 年代政黨政治的「黨同伐異」對公共工程的阻礙最大，但也因立場不同，讓問題的本質得以釐清。日月潭計劃必須等到 1929 年民政黨執政後，當臺電社長、臺灣總督、日本政府三者連成一線時才重露曙光。

　　1930 年起，臺電逐漸借重日本電力部門的經驗，應用在臺灣，顯示在長期獨佔體制下，臺電與市場的互動形式，趨於僵化，需要藉重外來經驗，強化營運效率。

　　就監督機制而言，總督府電氣課對臺電的支持遠比監督要來得多，監督也不易突破彼此綿密又重疊的人際網絡與人情包袱，具體例子是臺灣長期供電不符「電氣事業法」規定的額定電壓，卻不見官方對此重大問題有所介入。另一方面，市場機制因爲臺電是獨佔，無法形成回饋機制，常要靠經營者的理念貫徹，但從「增燈增燭」與「竊電檢查」來看，基層常將上層交付的任務視爲壓力，或用偏差手段去完成目標，結果往往與動機相互矛盾，層層轉遞壓力的結果，是造成市場的不安。臺電雖然有獨佔的規模經濟優勢，但「不規模經濟」中的組織龐大、官僚體系應變緩慢等，都把規模經濟的效能消耗掉。從臺電費率調降的互動來看，規模經濟的優勢在 1920 年代就不復存在，徒有規模經濟卻不能滿足市場需求，面對臺灣市場要求比照日本費率的「合理要求」缺乏交集。

　　繳費制度的改革與收費員制度的產生，都朝著讓用戶更分便的方向前進，但臺電也爲增加短期資金流通率，將收費員底薪降低，以制度迫使收費員提前收費完畢，因此表面上看起來是收費員對用戶的偏差行爲，但臺電隱身幕後的「制度性」問題，卻是造成臺電與市場關係緊張的主要原因。

　　最後就申請電燈的互動模式而言，如果靜待臺電逐年擴張市場，極有可能成功，這是互動模式中的「順應」，另外兩種是提供金錢、土地與臺電「交換」，或提供勞力與臺電「合作」。大體上，臺灣是賣方市場，與日本電力部門中，賣方積極向買方勸說使用電燈的模式，正好相反。整體而言，缺乏回饋機制的臺灣市場，顯然利弊互見。

　　臺電股票熱潮的基礎是第一次世界大戰帶動日本及其所屬殖民地輸出增加所致，從 1919 年 6 月到 9 月是臺電股票最高潮，但也不過是投機大潮流中

的小插曲，兩者間互有增長，互相激盪。沒有臺電股票轟動上市，就沒有辦法帶動一連串公司股票籌資，甚至許多地方電力公司的成立也拜臺電股票建立信心所致；相對地，臺電股票只是第一波投機中的最高峰，因爲整個股票熱潮是在 1920 年臻於高點，故報紙稱此兩個月的股價波動爲「臺灣人大損失」，見證了臺灣與日本經濟逐步接軌的必然現象。

1920～1930 年代，臺電所有裝置已無法滿足市場需求，卻還要帶動臺灣的工業化，一方面維持電力政策的獨佔性，一方面轉向民間電廠購電滿足市場需求，既是工業化的推手，也是工業化的阻礙。

從臺電營收與用電量觀察，臺電始終無法將營收奠定在工業用電的基礎上，整個電力市場結構還停留在電力發展模式的初級階段。而且整個 1920 年代，臺電裝置容量已無法滿足市場需求，但時間一年年在流逝，臺灣的競爭優勢也在流失中，等到 1930 年代臺電準備急起直追時，臺灣的區位條件已經不如往昔，落後日本的差距節節拉大。

佔臺灣人口大宗的農民，常受景氣波動影響，使用電燈的時間並不連續，且多半位於臺電主要輸電網之外，臺電無力擴展，也無資金投資，因此農村電氣化，一直只是臺電宣傳的口號，實際上無法落實。臺電只能在城市地區，不斷提高每位用戶平均支出，將既有市場邊際效益再擴大。臺灣雖然屬於低消費力市場，但市場消費率並非絕對因素，甚至需求可由供應者自行創造新的意識型態加以誘發，英國、日本、美國的例子都證明此點，而且市場隨著電力應用不斷深化，累積的市場動能也愈大。如果將臺灣電力發展集中在市場消費能力上，將忽略了電力政策與市場獨佔才是造成臺灣電力發展內涵貧乏的主因。

位居臺灣工業部門首位的糖業部門，其製糖高峰期竟是日月潭電廠的枯水期，造成臺灣主要產業與主要能源無法相容的矛盾。加上臺電價格缺乏吸引力，糖業部門成立時間比較早，而且多半自營行發電，即使投資硬體設備也難以回收。並且甘蔗壓榨後的蔗渣能循環使用，發電成本比臺電低 50%以上，缺乏使用電力的誘因。1930 年代的中國東北與朝鮮，有比臺灣更吸引日本資本投資的原料、電價、規模經濟的區位條件，因此 1930 年代日月潭計劃完成同時，也宣告臺灣工業競爭優勢的結束，因爲臺灣有的條件，皆無法與它地競爭，在日本資本的投資地點中，臺灣排序總在後面。

從臺電董、監事名單來看，臺電的主體性愈低，所得到的資源愈多，兩

者呈反比。雖然不是絕對兩極化選項，但每位臺電社長所要考量與忍受、順從與折衷的平衡點，在在考驗經營者的智慧。

　　總督府對臺電的人事干預，集中於理事階層，總計三十位理事中，總督府強力運作者不到三分之一，且由總督府推薦理事未必對臺電沒有幫助（如臺北州知事轉任的宇賀四郎就是扮演臺電與總督府的橋樑），因此所謂「人事干預」未必與負面劃上等號。但也不可否認，在僵持不下的一、二次政治任命中，臺電必須學會妥協的智慧，才能在臺電設定的營運目標上，繼續前進。整個日治時期，臺電一直受政策與市場兩股力量的拉扯（體制的設計又讓臺電不可失去任何一邊），並努力為自己尋找兩者最大的交集與平衡點。

　　臺電副社長的任命則視社長需要安排，多半為金融長才者出任而非技術部門，以補臺電社長之不足，社長與副社長兩者有輔佐與互補的關係。

　　臺電股東大會性質，似為臺電與總督府達成共識後，為其共識賦予程序效力的工具。從參與人數、過程、提案、動議、表決結果來看，參與規模遠不如臺電股東數那麼熱烈，甚至被記者用「無聊」來形容。就臺電股東大會地點而言，充分兼顧臺日股東權益、兼有促進瞭解，選擇合適氣候開會的安排。

　　臺電薪資結構方面，發現臺電在 1920 年代困頓時期，人事費高達總支出27%，預期繁榮的心理是大量聘人，是造成人事成本墊高的主因。但就整個時期平均而言，人事費約佔總支出的 18%，而從第三任臺電社長松木幹一郎上任後，人事成本從 18%降到 14%，顯示在不同理念的社長主政下，相同資源可以做出不同的配置，「減薪」不是臺電長遠成功的助力，松木的方式並不是將組織扁平化，而是加強組織的專業分工，配合擴大市場與收入，來支付成長所需的人事成本。臺電人事成本隱藏在其它會計項目中，從《營業報告書》中無法掌握，需利用多方史料才免做有根據的計算，就像其它公司一樣，《營業報告書》雖然珍貴，但卻不可盡信，因為裡頭藏有不少「數字」與「格式」的陷阱。

　　臺電組織結構的調整，通常是來自國際政治與經濟的力量，而不是市場的力量，這是當時臺電的特色。以裁員為例，第一次裁員是面臨 1920 年代世界泡沫經濟的破滅，第二次裁員是因應 1930 年世界性通貨緊縮，兩次世界經濟變化讓臺電想要降低人事支出，才有裁員之舉，市場力量對臺電的影響，並不是臺電調整組織的直接原因。臺內部組織活化的方式，是將總公司課長

與各縣市營業所長互相輪調，增加市場第一線經驗，以俾將來制定營運方向時，不致與市場脫節。

臺電是個專業與實務合一的事業單位，外勤第一線的人員佔臺電總員工數的 60～70%，這些龐大的人力需求，在臺灣正規教育體系中無法覓足，因此早期的人力訓練是以資深員工帶資淺員工「邊做邊學」的「師徒制」滿足需求，或者直接聘請日籍員工以縮短訓練時程。直到 1930 年代起，工業教育才被重新正視，但質與量都趕不上市場的需求，而且愈到後期，基層員工執行業務需要有國家證照，形成「師徒制」+「個人努力」+「證照考試」三合一的職場競爭生態，想要力爭上游，就要在體制內強化個人競爭力。

就權力結構而言，臺電營運的難處是在一個權力與責任不對稱的環境中，總督府有權力決定電力政策，臺電則負成敗之責，到後來，臺電反成為獨佔政策的堅決擁護者。基本上，總督府的電力政策是與市場機制背道而馳的，不但忽略日本發展的經驗，反過來指稱臺灣電力政策的優越性，這種 1930 年代刻意強調的優越性是用來支持日本逐漸強化的「電力統制論」，但卻忽視 1920 年代以來在同樣政策下造成臺灣產業無法升級的主因，甚至追溯到臺電出現前的 1910 年代中期，獨佔政策下的公益性已經無法維持，但在堅持規模經濟與電力化成正比的主流思想下，日月潭計劃順此而生。

日月潭計劃的中挫，造成臺灣產業結構由農轉工的進程中，必須先克服日月潭計劃的失敗，也因日月潭計劃延宕十年，錯過了臺灣產業在世界競爭中佔據最有利時間的流逝，於是所謂的電力政策，只是配合臺灣工業化不同階段目標的政策組裝過程，口號多於落實，理想與市場脫節，工業化仰賴的電力能源，並沒有得到充分的供應，民間資金難以跨越的不是進入市場的資金門檻，而是電力政策強劃下的鴻溝。

日治時期的電力經驗顯示，總督府電力政策與民間期望落差愈來愈大，市場壓力大到令總督府不得不修正政策的呈現形式。但政策的呈現形式很容易改變，政策背後的思考模式則牢不可破，只要政策的思考模式不變，各種電力政策呈現的形式，都只是舊思考模式的延續與轉殖。日本的市場機制，讓想存活的廠商自己要創新，因此市場機制強度與廠商活力成正比。

長尾半平奠定臺灣電力部門發展的世界格局與雄厚實力，參與臺灣電力政策「原型」的誕生。大越大藏以臺灣經驗提出了「世界第七」的「日月潭計劃」，成為臺灣電力界的開創者。國弘長重將電力體系「本土化」，奠定市

場導向基礎。後藤曠二完成西部臺灣第一次高壓輸電網，臺灣從此擺脫區域性枯水期的限電。新井榮吉推動日月潭電廠的完成，並以日月潭這件「作品」，獲得東京帝大工學博士學位。五位技師，分別代表每隔十年的技師典範，每個時代的技師都充份利用那個時代的資源，也受那個時代的條件侷限。唯一不變的，是技師的專業、熱情與執著，帶動臺灣電力部門不斷前進。

　　業務系統出身的理事、副社長，與技師有很大的差異，而且不分時代，幾乎每個時代的業務系統出身的理事，最大任務都是爲臺電「找錢」，從 1920 年代連續數期的「公司債」到 1931 年臺電在美發行的外債，費率調整的估算等等，因此就功能而言，業務系統出身的理事，多扮演臺電「財務長」的角色，這是東大工科與法科畢業後，基本出路的差異。永田隼之輔利用三井的關係，爲臺電尋找各種資金管道。南政吉以其十五年臺電歷練，讓臺電在穩定求發展。山中義信在英國金融界的資歷，讓臺電外債與各種數據更具說服力。安達房治郎引進製鋁工業在臺灣投產，彌合臺電營利與「國策使命」的最大交集。宇賀四郎雖是政治理事，但卻扮演臺電與總督府溝通的最佳橋樑。

　　另一方面，從 1931～1934 年間，總督府介入理事提名開始增多，宇賀四郎、安達房治郎、富山敏行、能澤外茂吉等四位理事中，有三位都是總督府的「強迫推薦」，相形之下，松木提名的只有安達房治郎一位。身爲「國策會社」的臺電，社長用人必須另設「囑託」、「參事」來平衡這種「跛腳式」的人事權。

　　1930 年代起，臺灣電力部門在日本統治地域內有逐漸「邊緣化」的傾向，這從臺電必須積極招商，提供低於成本的電價，及臺灣發電區位條件不如朝鮮北部與中國東北可以證明，若非後期戰爭的迫切性，臺灣必須自給自足，部份資金進駐臺灣，否則這種傾向將會更明顯。但更重要的是，日本資本要進入臺灣，面臨的是高難度的政策門檻，因爲在總督府長期區域獨佔的電力政策下，以臺電爲首的各電力公司，已經與總督府利害關係一致，臺電接受總督府支配，並取得官方給予的種種方便與資源，縱然當初維持官營的規模經濟的優勢不在，但政策始終如一的「封閉性」未曾改變。

　　1931 年臺電外債的成立，是民政黨時期對臺灣施政的「成果」，最大受益者是臺灣，但日本也是獲利者。日本政府的支持強度，直接影響日月潭計劃的成敗，也因日本政府爲了維持日圓對美元的匯率，才在日月潭計劃上與臺灣有了「雙贏」的交集。

　　對於日本這樣一個依賴美國市場及輸入的國家，在「金解禁」後，如何強化黃金儲備成為財政首要課題，但因國內產業結構無法承擔匯率波動，左支右絀的結果只能依賴公債或短效性手段延後財政問題的發生。基本上，「金解禁」與否與日本產業結構性問題，互為表裡，日本「金解禁」只達成有利進口與提高國際債信，充實外匯存底三大目標，但國內物價並未如預期降低，且因鼓勵儉約，反造成內需市場再度萎縮，陷於通貨緊縮的危機，足見「金解禁」政策猶如刀之兩刃，難以兼顧，更無法預測局勢的演變。民政黨善用日月潭外債資金調度的「時間差」，以「金現送」方式做為補充外匯存底的財務操作。這也是日月潭外債為什在 1931 年日本政府「金解禁」後才成立的真正原因，日月潭外債被日本政府當做穩定匯率的操作工具。

　　日月潭計劃復工的發包競爭太過激烈，臺灣廠商中不斷有人要對臺電松木與建設部長新井榮吉不利，總督府警務局為保護臺電主管，派二至三位刑警貼身長期保護松木與新井，免遭不測。臺電的解決之道，是與總督府保持密切聯繫，將工程分為七大工區，大工區以日本廠商指名競標，小工區由臺灣廠商競標，漸漸解決發包問題。種種耳語與誤解，真假難知，但傳言的傷害，卻是當事人無力反擊的，只能靠時間來證明。臺灣廠商長期處於封閉的競爭，耽於官民共生的利益關係，一旦面臨日本廠商競爭時，只能以「在地優先」做為最後籌碼，日月潭計劃的招標，正可看出臺灣廠商長期穩定下的結果。

　　雖然發包過程幾經波濤，但從外債到發包完成，臺電已逐步邁向完工之路，臺灣廠商也從對立到妥協，接受無可挽回的事實，與日本廠商一同競標。從數字上看起來，似乎得到總經費 67%的臺灣廠商勝利，臺電也滿足了各方的期望。但實際上，得標的臺灣大廠商中，總公司都在日本，從物料到人員，都要請日本支援或向日本訂料，故所謂臺灣廠商的「勝利」，只有空泛的數字。另一方面，長期依靠政商關係的臺灣廠商，面對日本廠商顯得如此不堪一擊與焦慮，更無法在大公程上與日本廠商一較長短。

　　本文為檢證臺電是否有「規模經濟」的成本優勢，特別以「資產報酬率」、「營業利益率」、「淨利成長率」、「總資產成長率」、「總資產週轉率」等五項指標觀察臺灣各民營電力公司營運表現。五項指標中，臺電幾乎都敬陪末座，顯示總督府電力政策強調的規模經濟在 1920 年代後就漸漸鈍化，但政策歷經幾次關鍵轉折點，卻始終不變，反而愈來愈僵化，到了 1940 年代，臺灣總督

府亦無法維持臺灣市場的封閉性，漸被整合爲日本市場的一部份。根據數據顯示，100 萬圓的資本額，就能創造出不錯的營運效果，臺灣市場反因爲獨佔，抹煞了地區電力文化的發展可能。

其次，就工業用電部門分析，臺灣電力發展僅在精米、糖業、灌溉、自來水系統上稍有表現，其中糖業部門在 1920 年代後期，漸漸獨立，不再向臺電申請用電，顯示臺電的規模經濟優勢，不再受糖業部門的青睞。1930 年代後期，雖然北臺灣礦業與南臺灣的製鋁工業，同時成爲臺灣新興工業代表，但基本上這是由上而下的政策配合，與臺灣自身工業化需求，並無直接關係。

臺灣電力產業具有「政策獨佔」、「長工期」、「高成本」、「低率用率」、「高理想」的諸多特質，反映在市場上也呈現多種面向。臺電在名義上雖然獨佔臺灣西部市場，但直到 1931 年以前，臺灣區分爲北、中、南等三個獨立電力系統，彼此無法支援。加上日月潭計劃延宕許久，市場卻一直在增加，臺電只好在各區相繼成立火力電廠，配合效果有限的「節約用電」、「竊電取締」等手段，稍稍緩和供電吃緊的狀況。這樣的情形，幾乎是 1920 年到 1930 年代的常態。

臺灣電力部門的問題在於獨佔廠商無法滿足市場，卻又建立許多利用率偏低的火力機組，加上臺灣鐵路運輸無法滿足大規格火力電廠的燃料需求，只要一啓動火力機組，就降低臺電獲利，且故障頻傳。另一方面，其它使用火力機組爲主要負載的民營電力公司，卻能在經營績效上比臺電領先，同樣是火力機組，臺電具有的優勢運用，反而不如民間其它廠商。

本文去除發電廠「裝置容量」的比較，以「實際累計發電量」做爲比較基準，可看出臺灣電力負載中，火力機組花費高，長期利用率偏低的事實。也由於長期使用火力機組的結果，墊高的營運成本降低臺電獲利率，並轉嫁給市場中的廣大消費者。臺電經常對外宣稱因爲匯損等問題，無法降價，實則是火力機組降低了淨利，才是無法降價的主因，臺灣的價格親和力，遠不如觀念普及的速度。

後藤新平對電力政策的獨創理念，加上土木局長長尾半平的規劃，奠定了臺灣電力政策初期的成功，增強了後藤對此政策的信心。唯這個政策是以375 萬圓興建五座水力電廠而來，基本上與市場並無互動關係，市場也沒有力量與政策對話。但 1910 年後藤擔任遞相後，卻將臺灣的電力經驗帶到日本，先提出了全國性的水力發電資源調查，但畢竟日本不比臺灣那般順利，市場

利益團體的強大力量，讓政府不得不與之協商，修正電力政策的落實，並從監督立場上訂定規範，而不是像臺灣一樣介入市場運作。

日本政府要介入市場，並需要到 1939 年後以政治意識型態壓制市場的不同聲音，才得以成立輸電線的聯合管理機制，但此時的時代背景是軍部勢力抬頭，政黨政治壽終正寢，「電氣事業法」被掌控力更強的「電力國家管理法」與「國家動員法」取代。如果將後期的軍需生產導向忽略，日本的電力政策大體保持「政府監督、民間自主」的平衡態勢，雖然後藤有意將臺灣電力政策的部份因子注入日本市場，但因兩地市場生態迥異，日本政府雖有行政權，但立法權卻由議會決定，臺灣經驗只有部份能適應日本市場而存活。此更突顯臺灣總督府行政、立法雙權集於一身的特殊性與臺灣市場規模狹小的侷限性。

電力是當時的重要產業，雖然股本大，資金需求更大，且建廠時間也得與時間賽跑。但臺電在臺灣開發電廠，有政策給予保護，資金融通，而且沒有市場競爭者，更不用面臨地方政府徵收水利權使用費，也不用面臨因築水壩或破壞住民引起的武力抗爭，種種優勢條件，爲日本所不及，只是臺電在政策保護下，未能發揮政策保護的競爭優勢。

臺灣電力政策反對外國資本進駐電力產業，但日月潭計劃之所以能在1930 年代重新啓動，靠的就是外資。臺灣電力政策反對日本資本介入臺灣市場，但電力部門是無國界的世界產業，日本無法脫離世界而獨立，臺灣亦同，這從 1910 年代到 1920 年代日本川北電氣進駐各民營電力公司並領有總督府補助來看，落實性不高。這些就是臺灣電力政策弔詭的地方，一方面高舉消費者權益，一方面讓市場在區域獨佔下，承擔比日本平均費率更貴的成本，電力政策保護的，似乎只是電力公司而不是消費者的利益。所謂臺灣的電力政策，顯然不具備政策的連貫性，多半是每隔十年，配合臺灣內外環境轉變做調整，但獨佔性始終如一。

本文考察日治時期的許多民間投資案，發現能夠被總督府准許的，多是位處偏遠、發電量小的「電氣組合」，甚至地方縣市政府的自營電力，都要先賣給臺電，再由臺電提供該縣市的迂迴方式，維持電力政策一貫性。顯示電力政策背後的思考盲點：恐懼市場秩序失去控制，害怕市場多出閒置電量，卻忽略了這兩者才是日本市場能夠快速發展的主因。由臺灣的電力政策發展來看，政治力想要引導或干預市場的走向，其結果往往出乎意料之外。

# 徵引書目

壹、中文部份（依編著者姓氏筆劃為序）

（壹）一般史料

1. 臺灣省政府，《臺灣省通志》卷四，經濟志工業篇，臺中：臺灣省政府，（1971）民國 60 年。

2. 臺灣省行政長官公署統計室，《臺灣省五十一年統計提要》，臺北：該署，（1946）民國 35 年 12 月。

3. 臺灣省政府統計處，《臺灣省行政紀要》，臺北：該處，（1946）民國 35 年。

4. 臺灣銀行經濟研究室編，《臺灣之電力問題》，臺北：該行，1952 年 5 月。

5. 臺灣電力公司，《臺灣電力發展史——臺灣電業百週年紀念特刊》，臺北：該公司，1989 年 7 月出版。

6. 臺電十年編纂委員會，《臺電十年》，1957 年 1 月。

7. 臺灣省文獻委員會，《臺灣文獻》

8. 臺灣省文獻委員會，《臺灣省通志》卷 4，經濟志工業篇，南投：該會，1971 年 6 月。

9. 臺灣省文獻委員會，《臺灣近代史——經濟篇》，南投：該會，1995 年。

10. 臺灣區電氣工程工業同業公會編印，《電氣工程業三十年史》，臺北：該會，（1984）民國 73 年 3 月。

（貳）近人專著及論文

1. 丁伋，《屋內電燈裝置概要》，臺北：臺灣商務印書館，（1975）民國 64 年 8 月臺一版。

2. 中華工程師學會，《臺灣工業復興史》，臺北：該會，（1958）民國 47 年 11 月。

3. 王詩琅，〈十字路〉，《王詩琅、朱點人合集》，臺灣作家全集‧短篇小說卷／日據時代，臺北：前衛出版社，1991 年 2 月。

4. 王松齡，〈臺灣之電力工業〉，《臺灣銀行季刊》16：3，臺北：臺灣銀行，1965 年。

5. 林明德，《日本近代史》，臺北：三民書局，1996 年 4 月初版。

6. 林炳炎，《臺灣電力株式會社發展史》，臺北：臺灣電力株式會社資料中心，1997 年 3 月。

7. 吳文星等編，《臺灣總督田健治郎日記（上）》，臺北：中央研究院臺灣史研究所籌備處，（2001）中華民國 90 年 7 月。

8. 吳政憲，〈日據時期臺灣的電力建設〉，《臺灣風物》（臺北：臺灣風物雜誌社，1996），第 46 卷 3 期。

9. 吳政憲，〈評介林炳炎《臺灣電力株式會社發展史》〉，《臺灣歷史學會通訊》，第 5 期，臺北：臺灣歷史學會，1997 年 9 月。

10. 吳政憲，〈大越大藏與臺電〉，《臺灣歷史學會通訊》，第 6 期，臺北：臺灣歷史學會，1998 年 3 月。

11. 吳政憲，《繁星點點：近代臺灣電燈發展（1895～1945）》（臺北：國立臺灣師範大學歷史研究所印行，1999 年 10 月）。

12. 陳憲明，《坪頂紀實》，臺北：財團法人七星農業發展基金會，1999 年。

13. 基隆市文獻委員會，《基隆市志──公共事業篇》，臺北：該會，（1956）民國 45 年 6 月。

14. 彭坤炎、林清茂，〈十六年來臺灣之電力〉，《臺灣經濟發展之研究》，臺灣研究叢刊第 103 種，臺北：臺銀經濟研究室，（1970）民國 59 年 5 月初版。

15. 臺灣區機械工業同業工會，《機械工業五十年史》，臺北：該會，1995 年 10 月出版。

16. 蔡慧玉編，《走過兩個時代的人──台籍日本兵》，南港：中央研究院臺灣史研究所籌備處，1977 年 11 月初版。

17. 謝敬德，《臺電生涯文集》（作者自刊稿，年份未載）。

## 貳、日文部份

### （壹）一般史料

1. 工學會，《明治工業史‧電氣篇》，東京：該會，1929 年 3 月改版。

2. 三省堂百科辭書編輯部編,《學習百科辭典》,東京:三省堂,1936 年 3 月發行。

3. 大藏省管理局,《日本人の海外活動に關する歷史的調查 (13)》,東京:該局,1950 年。

4. 相賀徹夫編,《大日本百科事典》,東京:小學館,1980 年 5 月新版一刷。

5. 屏東市役所,《屏東事勢要覽》,高雄:南報商事社,1938 年。

6. 臺灣實業界社,《臺灣電力讀本》,臺北:該社,(1940) 昭和 15 年 4 月。

7. 臺灣總督府民政部土木局,《電氣需要の現況卜今後增進の趨勢》,臺北:松浦印刷屋,1918 年 9 月發行。

8. 臺灣總督府土木局,《臺灣電力株式會社設立參考書》,臺北,1919 年 4 月。

9. 臺灣總督府土木局,《臺灣電氣事業概況》,臺北:該局,1921 年 10 月。

10. 臺灣總督府土木部,《臺灣總督府土木部第一年報》,臺北:臺灣日日新報社,1910 年 8 月。

11. 臺灣總督府土木部,《臺灣總督府土木部第二年報》,臺北:臺灣日日新報社,1911 年 4 月。

12. 臺灣總督府專賣局,《臺灣總督製藥所事業第二年報》,臺北:臺灣日日新報社,1900 年 8 月。

13. 臺灣總督府專賣局,《臺灣總督製藥所事業第三年報》,臺北:臺灣日日新報社,1902 年 8 月。

14. 臺灣總督府殖產局商工課,《熱帶產業調查書》(上) 工業ニ關スル事項,臺北:該課,1935 年 8 月。

15. 《臺灣總督府統計書》,第 3～45 統計書。

16. 《臺灣總督府公文類纂》

17. 《臺灣總督府府報》,(1897～1942) 明治三十年度～昭和十七年度。

18. 《臺灣總督府官報》,(1942～1945) 昭和十七年度～昭和二十年度。

19. 《臺灣總督府民政事務成績提要》,(1895～1942) 明治 28 年～昭和 17 年度分。

20. 《下村宏文書》第 81 號,〈日月潭水力發電事業計劃:對スル目錄、書類 (參考書)〉。

21. 《下村宏文書》第 87 號,〈臺灣電力株引受見違調〉。

22. 《下村宏文書》第 90 號,〈臺灣電力會社事業參考書〉。

23. 《後藤新平文書》臺灣民政長官時代 (14)-R36。

24. 臺灣民政長官時代 (6)-R28,〈水力電氣事業〉。

25. 《松木幹一郎》，東京：松木幹一郎傳記編纂會，1941 年 9 月出版。

26. 《阪谷芳郎：東京市長日記》，東京：財團法人尚友俱樂部，2000 年 3 月出版。

27. 《柳生一義》，東京：大國印刷株式會社，1922 年 1 月發行。

28. 臺灣電力株式會社，《營業報告書》第 1～51 回（1919～1944）大正 8 年～昭和 19 年。

29. 嘉義電燈株式會社，《事業報告書》第 1～27 期，（1919～1932）大正 8 年～昭和 7 年。

30. 臺灣電氣興業株式會社，《營業報告書》第 1～15 回，（1921～1929）大正 10 年～昭和 4 年。

31. 新竹電燈株式會社，《營業報告書》第 13～38 回，（1919～1932）大正 8 年～昭和 7 年。

32. 臺灣合同電氣株式會社，《營業報告書》第 2～44 回，（1921～1940）大正 11 年～昭和 14 年。

33. 臺灣總督府，《臺灣稅務史》，臺北：臺灣日日新報社，（1918）大正 7 年 12 月發行。

34. 臺灣總督府，《臺灣事情》，臺北：臺灣日日新報社，（1922）大正 11 年 12 月發行。

35. 臺灣總督府研究所，《臺灣總督府研究所報告》，第三回，臺北：該所，（1917）大正 6 年 1 月發行。

36. 臺灣總督府交通局，《電氣事業要覽》，（1926～1938）昭和 2 年度～昭和 13 年度。

37. 臺灣總督府交通局，《臺灣の動力資源》，臺北：該部，（1930）昭和 5 年 10 月發行。

38. 臺灣總督府警察本署，《理蕃誌稿》，臺北：臺灣日日新報社，（1918）大正 7 年 3 月發行。

39. 東京市役所，《東京市政概要》，東京：該所，（1928）昭和 3 年 9 月發行。

40. 東京市役所，《第二十四回東京市統計年表》，東京：該所，（1928）昭和 3 年 3 月發行。

41. 東京市政調查會，《本邦電氣供給事業ニ關スル調查》，東京：該會，（1932）昭和 7 年發行。

42. 東洋經濟新報社編，《日本產業讀本》，東京：該社，（1962）昭和 37 年 12 月全訂版第五刷。

43. 統計委員會事務局、總理府統計局編，《第一回日本統計年鑑》，東京：日本統計協會、每日新聞社，1949.10 發行。

44. 臺灣電力株式會社電氣實驗所,《高壓送電線路の鹽害と其の對策に就て》,(1939)昭和 13 年。

45. 臺灣總督府,《臺灣總督府文官職員錄》,(1898～1919)明治 31 年度～大正 8 年度,臺北:臺灣日日新報社。

46. 《臺灣日日新報壹萬號及創立三十周年記念演講集》,臺北:該社,1929 年 2 月。

47. 《臺灣電力株式會社處務規程輯覽》,臺灣拓殖株式會社文書【2452】。

48. 《臺灣人事態勢と事業界》,臺北:新時代社臺灣支社,1941 年 12 月發行。

49. 《廈門電氣水道》,臺灣拓殖株式會社文書【2472】。

50. 《商辦廈門電燈電力股份有限公司營業章程》,廈門:該公司,(1937)民國 26 年 1 月。

51. 臨時臺灣總督府工事部,《臺灣總督府土木部第三年報》,臺北:臺灣日日新報社,1911 年 9 月發行。

## (貳)報紙及雜誌

1. 臺灣經濟年報刊行會,《臺灣經濟年報》,東京,日本國際協會,1941～1942 年。

2. 《臺南新報》,(1921～1927)大正 10 年～昭和 12 年。

3. 《臺灣新報》,(1897～1899)明治 31～32 年。

4. 《臺灣新聞》,(1943)昭和 18 年。

5. 《南日本新報》(1932～1933)昭和 7～8 年。

6. 《漢文臺灣日日新報》,(1905～1911)明治 38～44 年。

7. 《臺灣日日新報》,(1895～1945)明治 28～昭和 20 年。

8. 《臺灣日報》,(1944)昭和 19 年。

9. 《臺灣經世新報》,(1921～1937)大正 10 年～昭和 12 年。

10. 《臺灣時事新報》(1935)昭和 10 年。

11. 《新高新報》,(1929～1931)昭和 4～6 年。

12. 《臺灣民報》第 1～401 期(1923～1930),東方文化書局複刊。

13. 《臺灣時報》,(1909～1945)明治 42 年～昭和 20 年。

14. 《新臺灣》(神戶:新臺灣社,1918 年 5 月)。

15. 《臺灣產業雜誌》,第 7 號～第 11 號,(1899 年 2 月～5 月)明治 32 年 2 月～5 月,臺北:臺灣產業雜誌社,1899 年 2 月～1899 年 5 月。

16. 《臺灣電氣協會會報》,第 2 號～第 16 號,1928～1939 年,臺北:臺灣電氣協會。

17. 《臺灣協會會報》，第 1 號～第 96 號，（1898～1906）明治 31 年 10 月～明治 39 年 9 月，東京：臺灣協會。

18. 《臺灣技術協會誌》，第二輯～第三輯，臺北：臺灣技術協會，1928 年。

19. 《臺灣遞信協會雜誌》，臺北：臺灣遞信協會。

20. 《臺灣農友會報》，臺北：該會，（1905～1906）明治 38～39 年份，臺北：臺灣農友會。

21. 《臺灣農事報》，臺北：該會，（1908～1943）明治 41 年～昭和 18 年，臺北：臺灣農友會。

22. 《臺法月報》，臺北：臺法月報發行所，1914～1930 年。

23. 《實業之臺灣》，臺北：實業之臺灣社，第 6 號～第 18 卷第 10 號，1910～1925 年。

24. 《臺灣》，第 2～7 號（1910～1911）。

25. 《臺灣工業界》臺北：臺灣工業協會，（1919 年 5 月）大正 8 年 5 月。

26. 《外交時報》第 592～644 號（1929～1931）昭和 4 年 8 月～昭和 6 年 10 月。

## （參）時人著作

1. 小林清藏，《木村匡君口演集》，臺北：臺北印刷株式會社，1927 年 10 月發行。

2. 小島昌太郎，《我國主要產業に於けるカルテル的統制》，東京，雄風館書房，1932 年 3 月發行。

3. 小森德治，《明石元二郎》，臺北：臺灣日日新報社，1928 年 5 月三版。

4. 大園市藏，《臺灣產業の批判》第一卷，福岡：臺灣產業の批判社，1927 年 12 月發行。

5. 大園市藏，《現代臺灣史》，臺北：日本植民地批判社，1934 年 4 月第二版發行。

6. 大口喜六，《外國爲替管理法の機能》，東京：秀文閣書房，1933 年 4 月發行。

7. 山川岩吉，《臺灣產業之現勢》，臺北：臺灣大觀社，1913 年 10 月發行。

8. 中村英雄，《最近の社會運動》，東京：財團法人協調會，1930 年 2 月發行。

9. 太田肥洲編，《新臺灣を支配する人物と產業史》，臺北：臺灣評論社，1940 年 1 月發行。

10. 内外經濟調查會，《國際經濟統計表》，東京：該會，1928 年。

11. 今村義夫，《臺灣之社會觀》，臺北：實業之臺灣社臺南支局，1922 年 8

月發行。

12. 日本電氣事業史編纂會,《日本電氣事業史》,東京:電氣之友社,1941年12月發行。

13. 吉川松舟、小林小太郎共著,《臺灣開發誌》,臺北:臺北印刷株式會社,1915年4月發行。

14. 安部磯雄,《都市獨佔事業論》,東京:隆文館,1911年8月發行。

15. 西野喜與作,《歷代藏相傳》,東京:東洋經濟新報社出版部,1930年4月三版。

16. 名古屋市役所,《名古屋市史》產業篇,東京:該所,1915年8月發行。

17. 竹本伊一郎,《臺灣經濟叢書(七)》,臺北:臺灣經濟研究會,1939年3月發行。

18. 《臺灣株式年鑑》(1930～1931)昭和5年～6年,臺北:臺灣經濟研究會。

19. 《臺灣會社年鑑》(1934～1942)昭和9年～17年,臺北:臺灣經濟研究會。

20. 《滿洲年鑑》(1933)昭和8年,大連市:滿洲文化協會,1933年1月發行。

21. 《滿洲年鑑》(1943)昭和18年,大連市:大連日日新聞社,1942年12月發行。

22. 《日本帝國統計年鑑》第三十三回,東京:內閣統計局,1914年12月發行。

23. 《日本帝國統計年鑑》第四十二回,東京:東京統計協會,1924年2月發行。

24. 《日本帝國統計年鑑》第五十回,東京:內閣統計局,1931年12月發行。

25. 《大日本帝國統計年鑑》第五十七回,東京:內閣統計局,1939年1月發行。

26. 《大日本帝國統計年鑑》第五十八回,東京:內閣統計局,1939年12月發行。

27. 吉田靜堂,《臺灣財界人の橫顏》,臺北:經濟春秋社,1932年9月發行。

28. 佐佐英彥,《臺灣產業評論》,臺北:臺南新報臺北支局印刷部,1925年。

29. 佐佐英彥,《臺灣之產業と其取引》,臺北:臺南新報臺北印刷所刊行會,1928年12月。

30. 松島剛、佐藤宏,《臺灣事情》,東京:株式會社秀英舍第一工場,(1897)明治30年2月。

31. 東鄉實、佐藤四郎，《臺灣植民發達史》，臺北：晃文館，（1916）大正 5 年 4 月。

32. 阿南文夫編，《誘蛾電燈事業成績書》，高雄：屏東郡共同苗代組合聯合會，（1937）昭和 12 年 2 月。

33. 唐澤信夫，《台灣島民に訴ふ》，臺北：新高新報社，（1935）昭和 10 年。

34. 神戶正雄，《實際經濟問題》，東京：日本圖書出版株式會社，（1935）昭和 10 年。

35. 杉野嘉助，《臺灣商工十年史》，臺北：臺北印刷株式會社，1919 年 12 月發行。

36. 福田勝，《電氣材料》，東京：修教社書院，（1935）昭和 8 年 3 月發行。

37. 遠藤後一，《電氣事業法律論》上卷，東京：社團法人電氣協會，（1928）昭和 3 年 8 月。

38. 廣瀨先一，《市町村と電氣事業》，東京：オーム社，（1929）昭和 4 年 4 月。

39. 橫井時冬，《日本工業史》，東京：弘文館，（1902）明治 35 年 7 月增補三版。

40. 鶴見祐輔，《後藤新平》，東京：後藤新平伯傳記編纂會，1937 年 10 月發行。

41. 鶴見祐輔，《後藤新平傳》臺灣統治篇（上），東京：太平洋協會出版部，1943 年 5 月發行。

42. 劉天賜，《臺灣最近の經濟界》，臺北：臺灣經濟界社，（1933）昭和 8 年 5 月。

43. 橋本白冰，《評論臺灣之官民》，臺北：臺灣案內社，（1919）大正 8 年 9 月。

## （肆）近人專著及論文

1. 小林英夫，《「大東亞共榮圈」の形成と崩壞》，東京：御茶の水書房，1992 年 5 月第一版第八刷。

2. 杉本幹夫，《デタから見た日本統治下臺灣、朝鮮プラスフィリピン》，東京：龍溪書舍，1997 年 11 月發行。

3. 堅見末子，《堅見末子土木技師——臺灣土木の功勞者》，東京：株式會社三秀舍，1990 年 7 月發行。

4. 飯田賢一校注，《科學と技術》，日本近代思想大系 14，東京：岩波書店，1989 年 10 月發行。

5. 安芸皎一，《河川工學》，東京：共立出版株式會社，1980 年 11 月第 2 版第 1 刷。

## 參、西文部份

1. Chant Colin,ed.Science,Technology and Everyday Life 1870-1950〔New York.：The Open University,1990〕．